AF746384

Biblioteca de Filosofía del Derecho

Carlos Alarcón Cabrera
**(Director)**

Carlos Antonio Agurto Gonzáles
Sonia Lidia Quequejana Mamani
Benigno Choque Cuenca
**(Coordinadores Generales)**

**CARLOS COSSIO**
Catedrático de Filosofía del Derecho
Universidad de Buenos Aires
(Argentina)

# TEORÍA EGOLÓGICA DEL DERECHO

## Problema, panorama y la teoría de la imprevisión

Edición al cuidado de
**Carlos Antonio Agurto Gonzáles**
**Sonia Lidia Quequejana Mamani**
**Benigno Choque Cuenca**

Ediciones Olejnik

Título: Teoría Egológica del Derecho. Problema, panorama y la teoría de la imprevisión.

© Carlos Cossio.

Primera edición en Ediciones Olejnik: 2023.
© Copyright de la presente edición:
Ediciones Olejnik
Huérfanos 611, Santiago-Chile
E-mail: contacto@edicionesolejnik.com
Web site: http://www.edicionesolejnik.com

ISBN: 978-956-407-310-1

Diseño de carátula: Ena Zuñiga

Diagramación: Hayden Méndez. hayden.mendezq@gmail.com

Reservados todos los derechos. Ni la totalidad ni parte de la presente edición de este libro puede reproducirse o transmitirse por ningún procedimiento electrónico ni mecánico, incluyendo fotocopia, grabación magnética o cualquier almacenamiento de información y sistema de recuperación, sin la autorización escrita de los titulares del "Copyright".

Impreso en Argentina 2023 Printed in Argentina

# ÍNDICE

## TERMINOLOGÍA

Se recurre al vocablo "egológico" para destacar que, en el Derecho, algo es lo que es solo cuando se conoce qué es lo que es.

Así, nadie es ladrón mientras el juez no lo condene por ello; lo cual significa: a) que exista este pronunciamiento judicial; y b) que el propio pronunciamiento no contenga error.

Con esta egología —si bien en una forma muy específica— estamos en el dominio de aquello a que aludía Ortega y Gasset cuando decía: "el hombre es una entidad extrañísima que para ser lo que es, necesita antes averiguarlo" *(En torno a Galileo).*

Parece oportuno un ilustre paralelo a fin de entender nuestro lenguaje: "Fenomenología", voz compuesta de "fenómeno" y "logos", quiere decir conocimiento de los fenómenos. Pero Hegel, invirtiendo la prelación de las voces componentes, la utilizó para significar la fenomenalización del logos, siendo este logos en su sistema el espíritu absoluto. Y es sabido que Husserl ha mantenido la inversión hegeliana de la significación, con la salvedad de que el logos, para él, es el ser de los entes. Por ello, para Husserl, "fenomenología" significa la fenomenalización del ser de los entes. En forma similar, "egología", en la teoría egológica del Derecho, está significando la egologización del logos jurídico, es decir, la egologización del ser jurídico (dada la equivalencia fenomenológica entre el logos y el ser). Y como el *ego* de que allí se habla es el ego trascendental de la acción, el "yo actúo" de toda acción en vez del "yo pienso" de todo juicio, el "yo actúo" de la conducta en vez del "yo pienso" del intelecto, con "egología" hemos podido significar la fenomenalización como conducta del ser jurídico. Y hemos tenido que hablar de un conocimiento de protagonista —diverso del conocimiento de espectador que es el único conocimiento comúnmente admitido—, por estar hablando precisamente de semejante fenomenalización del ser jurídico como conducta.

Esta terminología permite tematizar los aspectos subjetivos de la experiencia jurídica o el juego de la personalidad en ella, sin despertar gramaticalmente la sospecha del subjetivismo o del personalismo, que el uso liga hoy a los derivados de estas palabras.

Las cinco tesis que subsiguen contienen las bases de todo el desarrollo sistemático de la teoría egológica del Derecho.

# CAPÍTULO I

## EL DERECHO COMO OBJETO ES CONDUCTA HUMANA

Se rechazan las ideas de que el Derecho sea norma, o de que sea la voluntad de un legislador, o de que sea la voluntad o el pensamiento de un Dios, o de que sea el precedente, o de que sea una transposición de los intereses humanos a un plano de interés colectivo o social, o de que sea una conformidad racional con la naturaleza humana; es decir, se rechaza todo cuanto se ha especulado sobre el Derecho, porque en todas estas premisas como punto de partida de la especulación se verifica un construccionismo antifenomenológico. En efecto: cada una de estas hipótesis consiente —por definición o por generalización—, una afirmación referente a la experiencia jurídica que no deriva con necesidad de esa experiencia, ni es inmanente a ella. La afirmación así consentida es, en mayor o menor medida, gratuita y arbitraria; filosóficamente carece de fundamento para servir de fundamento.

La concepción egológica abona su propio aserto a partir de la doctrina de las personas como sujetos del Derecho: solo el hombre es persona porque la hay en él; lo confirma la propia situación personal desigualitaria de los esclavos, con su lote de deberes jurídicos acentuado y con su necesaria facultad jurídica para cumplir esos deberes. A pesar de lo que dice Kelsen, en el hombre jurídico hay mitológicamente una persona y no meramente una personificación artificial como ocurre en las asociaciones. Y a pesar de lo que dicen Ferrara y Ross no pueden tener derechos subjetivos ni los animales, ni las cosas, ni los números. La experiencia frustra esta bizarra aserción con evidencia ontológica; Aristóteles diría, acaso, que "el ente se niega a ser mal administrado" *(Metaphysica,* 1076 a, Hook A. 10, trad. Ross: "but the world refuses to be governed badly"). *Incitato,* el caballo de Calígula, no se convirtió en cónsul ni en sacerdote, a pesar del famoso rescripto imperial que lo exaltaba a esas funciones, por la sencilla razón de que no le era ontológicamente posible semejante conversión.

El argumento egológico prosigue destacando que si, en cambio, un párvulo tiene esa posibilidad personalista de que carece el animal, pudiendo ser cónsul, cardenal o rey desde su más tierna infancia, es porque su tiempo existencial lo tiene proyectado o estampado en el consulado, el cardenalato o el trono como un programa o proyecto que anticipa el futuro; por lo cual el presente del párvulo, a diferencia del animal, es anticipación y no instante, con lo que el párvulo llegará a término cargando como pasado aquello que emergió como el futuro de toda la trayectoria vital en la modelación de esta trayectoria. Y tan pronto como la existencia personal sea calibrada como coexistencia, resulta obvio que la sobrecarga del pasado contenida en la temporalidad del párvulo es muy anterior, en gran medida, a su propia vida individual. En la teoría del Derecho aparece así el problema del tiempo jurídico como esclarecimiento del ser jurídico: la verificación de que el presente humano no es instante sino anticipación —que es ontológica porque da cuenta de lo que a esa existencia la hace ser lo que es—, no solo explica la naturaleza histórica de la experiencia jurídica, sino que contiene la posibilidad misma de esta experiencia con absoluta generalidad.

Por último, el argumento egológico concluye señalando que jamás ningún legislador crea "el" Derecho, ni puede crearlo; que puede solo modificarlo, es decir, que solo puede crear la modificación, forzosamente parcial, del Derecho, pues haga el legislador lo que hiciere, siempre encuentra, ya, funcionando un Derecho dado con anterioridad en la experiencia. Y esto es así, aunque el legislador asuma sus funciones como un legislador originario. La posibilidad del legislador no pasa de la modificación de aquel dato, ni de allí puede pasar; no está en sus posibilidades comenzar sobre un vacío jurídico.

Este Derecho que preexiste siempre a toda modificación que en él introdujere un legislador, está, con todo, en alguna parte y es forzoso que en alguna parte esté. Está en la conducta de la gente y es obvio que solo allí puede estarlo. Pero la única plena necesidad que hay para que el Derecho esté en la conducta, es que él mismo sea esa conducta. La necesidad de que hablamos es, pues, la necesidad ontológica. También allí se radica y allí subsiste, por la misma razón, el Derecho que la legislación hubiere modificado.

En la medida en que con el Derecho tenemos una experiencia de realidades y en que esta realidad es, sin un tercer término, o bien la mecánica de la Naturaleza o bien la libre del hombre, ya se justifica, con necesidad lógica, decir que el Derecho está en la conducta en cuanto que no se lo encontrare en la Naturaleza. Pero la necesidad ontológica va más lejos al decir que el Derecho está en la conducta porque es conducta él mismo, dando así cuenta también de esa radicación del Derecho en la conducta como un estar, en virtud de su ser. Así decimos que el perro está en el campo del mamífero porque es mamífero él mismo; y así hemos dicho que el ser humano —asociado o aislado, que es lo mismo al final de cuentas—, tiene personalidad porque es persona él mismo en su realidad última.

Como se advierte, la necesidad ontológica contenida en la tesis de que el Derecho es conducta humana nos revierte a esta intuición de la persona con que comenzó nuestro discurso y la despliega a la vez que sin agregarle nada, sin privarla de nada. La tesis se autentica por su total fidelidad al dato que tematiza. La tesis no construye una coherencia, sino encuentra una necesidad. Y ha de señalarse que la conducta como un hacer es, en rigor, un deber hacer, pues nada sería promovido al ser por la libertad, si ella no lo vive como debiendo ser. La libertad como fenómeno es un deber ser existencial.

# CAPÍTULO II

## LA CONDUCTA JURÍDICA ES PERCEPTIBLE

La conducta, claro está, es la propia vida humana; para hablar del Derecho como conducta, se requiere en esta una especificación. El Derecho siempre es vida humana, ni más ni menos; pero no toda la vida humana es Derecho. Cuando nos referimos al Derecho como conducta no se trata de una conducta cualquiera, sino de la conducta humana en su interferencia intersubjetiva o conducta compartida.

Como se trata de una experiencia de realidades, la especificación que se busca ha de ser, en primer término, una especificación sensible, es decir, que ha de corresponderse con una percepción del mundo externo. El Derecho, pues, ha de aparecer como un fenómeno en el mundo; lo cual quiere decir que una percepción sensible entrega a la intuición esencial lo que hay en él de conducta como ser genérico y lo que hay en él de Derecho como ser específico.

La conducta es intuible para la sensibilidad; los fenómenos de conducta se perciben en lo que concierne a la exteriorización de ella. Pero no se trata, para el jurista, de la intuición dinámica de la conducta en su pertenencia a la Naturaleza; cosa también posible en alguna medida, que concluye en su medición como esfuerzo o en su trazado como movimiento. Aquí se trata de la intuición biográfica de la existencia humana como fenómeno de conducta precisamente, y sobre cuyo núcleo perceptivo originario —la intuición del *ego* como *alter ego* en la presencia somática del prójimo—, Husserl ha efectuado un análisis concluyente en la V.ª de sus *Meditaciones Cartesianas,* sea que se lo confirme empíricamente como problema de la psicología infantil (Charlotte Bühler), sea que se lo desarrolle analíticamente como problema de la hermenéutica existencial (Heidegger, Ortega y Gasset, Sartre, Merlau-Ponty, Kwant, etc.).

La teoría egológica, que comparte esta convicción básica acerca de la intuición primaria del *alter ego* en la conducta que le pertenece, recurre a ella para dirigir de inmediato su percepción sobre lo que alguien hace en cuanto que forzosamente él viene a estar impedido o no impedido por otro. La conducta percibida queda así definida por su impedibilidad; esta es nuestra especificación y se trata, claro está, del hacer conjunto resultante de la actuación que cabe a ambos sujetos que participan en el trance.

Si hubiéramos recurrido a otra intuición biográfica para atender tan solo a la conducta aisladamente personal del titular del comportamiento, habríamos percibido lo que alguien hace en contraposición a lo que él mismo omite; y el fenómeno de conducta, así definido por su omisibilidad, aparecería como una interferencia *subjetiva* de acciones posibles. Esta es la percepción sensible que entrega a la intuición intelectual la esencia de la Moral, que también es conducta.

Pero la percepción jurídica es diferente de la percepción moral: aquélla intuye la conducta en su impedibilidad y por eso el Derecho como fenómeno resulta ser una interferencia *intersubjetiva* de acciones posibles. Lo que como ser jurídico se nos aparece —sea que el acto esté impedido, sea que no lo esté—, es una conducta compartida, es decir, el hacer conjunto resultante de la actuación que cabe a ambos sujetos que participan en el trance. Y si decimos *ambos* sujetos, solo es por referirnos a su posibilidad mínima, pues la coexistencia es, en rigor, una pluralidad abierta. Esta conducta considerada en su impedibilidad, es un hecho de experiencia que la percepción sensible percibe como fenómeno biográfico; es el primer hecho que al estudiante de Derecho le concierne ver y en el adiestramiento de lo cual radica la clave de toda su educación técnica. Quien no logre advertir la *simplicidad coexistencial* de la conducta compartida como actuación conjunta resultante, obnubilado por la *pluralidad existencial* de las conductas individuales que moralmente también puede contemplar en la misma experiencia, ése no puede aprender, ni enseñar, ni investigar nada acerca del Derecho: únicamente podrá repetir opiniones ajenas o construir como opinión propia un puro pensamiento meramente coherente. Pero el que por sí mismo aspire a ser un tratadista, un juez o un abogado, requiere aquella visión, para no quedarse en el aire.

La realidad del Derecho toda entera, se radica en este dato fenoménico bajo la garantía de esta percepción sensible. Pues cabe destacar que, en este acceso intuitivo a la experiencia, no hay un mero punto de vista categorial que aportaría el sujeto cognoscente como creador de un objeto que existiría únicamente en el conocimiento y como conocimiento; por el contrario, hay un perfil de la conducta que ella en sí misma exhibe como objeto fenoménico. Se trata del perfil coexistencial del comportamiento mismo como pura y bruta actuación que se aprehende ónticamente mediante una percepción sensible. Cualquier acto social del ser humano nos permite verificar esta exhibición óntica y percibir la dimensión jurídica de la vida humana: pensad en el vecino que toma asiento en la plaza municipal de su barrio o en el parroquiano que fuma dentro de una confitería. El jurista no atiende, en un caso, a la pluralidad de conductas individuales por lo que hacen y al propio tiempo omiten, el vecino que toma asiento en la plaza y los transeúntes que pasan por su vera; ni atiende, en el otro caso, a la pluralidad de conductas individuales por lo que hacen y al propio tiempo omiten, el parroquiano que fuma dentro de la confitería y los otros parroquianos que beben y charlan a su lado. El jurista atiende a la conducta compartida de un acto conjunto pero único, donde como actuación indivisible resulta que el vecino no está impedido de sentarse en la plaza municipal, ni el parroquiano está impedido de fumar en la confitería. Frente a esta visión de la conducta sobre la base de su impedibilidad coexistencial, el jurista siente la evidencia de estar ante la específica intencionalidad de conciencia que lo define como tal; evidencia que se comprueba porque respecto de ambos hechos caben la pregunta y la respuesta que tematizan la licitud o la ilicitud de lo que ocurre en la plaza y de lo que sucede en la confitería. Lo que en ellas ocurre nos autoriza a averiguar si el vecino tiene derecho de sentarse en la plaza y si el parroquiano tiene derecho de fumar en la confitería. No cabe plantear ninguna de estas cuestiones para las conductas individuales referidas a su omisibilidad; solo cabe plantearlas cuando las conductas individuales estén referidas a su impedibilidad, lo que significa hablar ya de una conducta compartida y percibir como tal un comportamiento resultante de conjunto como fenómeno coexistencial vivencialmente simple. Las hipótesis complementarias de que el vecino fuere impedido de tomar su asiento por la oposición de los transeúntes o de que el parroquiano fuere impedido de fumar por la actuación de los otros parroquianos, ilumina el mismo problema por su reverso y da carácter definitivo a nuestro análisis.

La conducta compartida en cuanto interferencia intersubjetiva de acciones posibles esclarece también cuál es la verdadera alteridad jurídica, que aparece como un tema forzoso de la teoría del Derecho y que la tradición greco-escolástica ha definido, con error, como si fuera una relación teleológica de la conducta donde el destinatario de esta relación sería un *alter ego*. Pero la alteridad jurídica no se radica en la intención del sujeto actuante frente a la ocasión que le brinda la presencia del prójimo; si así fuese, sería una altcridad psicológica que solo compromete a la conducta en su omisibilidad. En cambio, la altcridad jurídica es ontológica porque viene a ser el irremediable comportamiento conjunto resultante, al darnos un co-hacer, en la medida en que la mera presencia del prójimo, por impedir o no impedir, es el comportamiento que él desenvuelve en la situación. Para la persona humana, su presencia es actuación y su actuación es presencia, en la medida de su libertad. Por eso la intuición sensible decide si el fenómeno de conducta impide algo o no lo impide, precisamente porque ambas posibilidades integran por igual la impedibilidad que la conducta tiene como dimensión coexistencial; y decide también si no llega a ser el caso ni de lo uno ni de lo otro. Cualquier espectador puede percibir lo uno o lo otro, en lo que le ocurre con los transeúntes al vecino que ocupa un asiento en un parque municipal; pero ni lo uno ni lo otro puede ser percibido en la conducta de quien, en el mismo momento, estuviere pescando en Alaska, porque con esta conducta no adviene a la experiencia ni siquiera un no impedimento como relación de alteridad, respecto a lo que se fenomenaliza en el parque municipal del ejemplo.

En la medida en que la existencia humana es coexistencia —esta es la fórmula canónica de Heidegger—, la presencia del prójimo ha de ser encontrada por doquier como coexistencia en la existencia personal. Y así la encontramos fácilmente en todo lo que nuestro espíritu asume por tradición, por educación, por convivencia, como se advierte en el lenguaje que todos hablamos, en las ideas y creencias que nos son comunes, en las costumbres que protagonizamos, en las instituciones que sustentamos y —que no es lo de menos— en todo lo que enfrentamos para deshacerlo en forma revolucionaria. Solo la conducta en sí misma considerada, es decir, considerada en sí misma como el despliegue vital de un *ego,* parece que escapa a esta integración coexistencial, pues —otra fórmula canónica de Heidegger— no es posible vivir otra vida que la vida propia y la existencia humana se da en forma absolutamente individual. Pero esta paradoja se disuelve sin dificultad a pesar de su apariencia insuperable, teniendo presente lo que hemos dicho acerca de la alteridad jurídica. Ahora advertimos, en efecto, que la conducta, en su omisibilidad, es existencial, rigurosamente existencial; pero en su impedibilidad, es coexistencial, plenamente coexistencial. Esto significa que el Derecho viene a ser la coexistencialidad de la conducta en sí misma considerada; o para decir lo misino en un lenguaje que exprese toda la profundidad ontológica del problema, diríamos que el Derecho es la manifestación original de la coexistencia en la existencia. El Derecho es, así la convivencia reducida o llevada a su raíz, la convivencia como aparece en la conducta en sí misma considerada.

Hemos invocado más arriba la realidad del Derecho toda entera, para sellar la autoridad de la experiencia jurídica como criterio de verdad en una ciencia que efectivamente lo sea. Ahora ya podemos apreciar el alcance de esa invocación: Solo porque la conducta coexistenciada impide algo a la persona o no se lo impide, cabe instituir a lo primero en permitido y a lo segundo en prohibido o al revés, contraponiendo en ello un quien a otro quien en la conducta que se comparte. Solo porque la conducta coexistenciada impide algo a la persona o no se lo impide, se puede instituir lo permitido a veces como potestativo y otras veces como obligatorio, modalizando en ello la contraposición de los quienes, en la conducta que se comparte. Solo porque esta sucesiva contraposición de los quienes significa, antes que nada, un impedir o un no impedir de conducta, puede, uno de ellos, aparecer como acreedor y el otro como deudor en cualquier relación jurídica. Y solo porque este impedir o no impedir de la conducta se configura con diferentes alcances y contenidos, podemos hablar de compraventa, de testamento, de propiedad, de hurto, de endoso, de contrademanda, de sentencia, etc., siendo evidente que todas estas diferencias de detalle significan por igual, en última instancia, una conducta que impide esto y que no impide aquello.

Por ahora no avanzamos todavía sobre la idea de la primera tesis, según la cual este impedir es, en rigor, un deber impedir; y el no impedir, un deber no impedir. Tampoco tocamos todavía el problema de que este impedir concuerde o discrepe con lo permitido, por un lado, y con lo prohibido, por otro; y lo mismo el no impedir, por su parte. Claro está que lo permitido o lo prohibido no se ven, sino se comprenden; claro está que una compraventa, un hurto o una sentencia tampoco se ven y sí solo se comprenden. Pero los ojos de la cara ven, por cierto, el impedir o el no impedir que se despliegan en la conducta compartida. Si esta impedibilidad que está en la base no fuera perceptible en concreto como lo uno o como lo otro, entonces no solo no habría nada para comprender como conducta jurídica, sino que tampoco habría nada que comprender como Derecho en la conducta. Cualquier cosa sea lo que se pueda decir acerca de una violación de domicilio, lo primero y absolutamente ineludible es que alguien ha transpuesto el umbral de una puerta o el orificio de una claraboya; y estos actos, claro está, son perceptibles por nuestros órganos sensoriales.

Aquí es donde la inteligencia del jurista ve directamente la impedibilidad como esencia, al percibir con sus ojos aquella de las posibilidades que realiza la conducta interfiriente, impidiendo algo en la conducta interferida o no impidiéndolo.

## CAPÍTULO III

## LA CONDUCTA JURÍDICA ES JUSTIFICABLE

Una conducta sin valor ontológicamente no puede ser. He aquí otra tesis existencial de orden genérico que a la teoría egológica no incumbe fundamentar, sino especificar. Por eso será suficiente recordar a este propósito: a) Si por virtud de la libertad de la conducta algo ha de llegar a ser, este algo tiene que ser vivido como debiendo ser para que llegue a ser; lo cual significa que la conducta vive su propio proyecto como un deber ser existencial. Y en la medida en que la conducta se vive a sí misma anticipándose en un proyecto, todo esto quiere decir que, como hecho, ónticamente, la conducta es un deber ser existencial. b) Al propio tiempo, si esa libertad, por serlo, es una preferencia, quiere decir que la conducta percibida por dentro a través del contacto íntimo de su propia emoción, por lo tanto, comprendida ella ontológicamente como un sentido, la conducta en aquello mismo es un deber ser axiológico.

Si la libertad emerge ónticamente en el ser como una preferencia y no como una indiferencia, emerge a la par ontológicamente como un mejor situacional, aunque acaso no lo sea y emerja equivocada; pero no puede surgir como un ser en sí que algo sería a extramuros de aquel mejor. La libertad de la conducta esclarecida ontológicamente, así como un mejor y, por eso mismo, como un sentido, cualesquiera fueren, se nos presenta en consecuencia no solo como el reino de los valores, sino también como la razón de ser de ellos. En efecto, la preferencia óntica y el sentido ontológico nos obligan por igual a hablar de los valores, tan pronto como queramos hacer explícito lo que está contenido en toda preferencia y asumido en todo sentido.

El tema nos ha llevado a esa sima de la existencia humana subrayada por Ortega y Gasset cuando anotó que el hombre "para resolverse a hacer esto y no aquello tiene, quiera o no, que *justificar* ante sus propios ojos la elección, es decir, tiene que descubrir cuál de sus acciones posibles en aquel instante es la que da más realidad a su vida, la que posee más sentido, la más suya... El hombre no puede dar un solo paso sin justificarlo ante su propio íntimo tribunal". *(Obras Completas,* V, 209). Y los valores constituyen la última palabra que se puede decir en torno de aquella justificación, a pesar de que todavía la filosofía casi no tiene nada serio para decirnos sobre ellos. De cualquier manera, el análisis jurídico tiene aquí otra tarea de especificación. Le incumbe señalar en la conducta jurídica, los valores propios de ella; es decir, aquellos valores aptos para justificar la conducta jurídica no solo por encontrarse necesariamente en ella como calidades de la preferencia, sino a la vez por la aptitud de ellos para dar más sentido a la impedibilidad de la conducta elegida.

La teoría egológica no puede aceptar que la fantasía ni el renombre señalen cuántos y cuáles son los valores jurídicos. Óntica y ontológicamente lo son todos aquellos que se corresponden con la alteridad de la conducta compartida. Se definen, pues, por su bilateralidad no solo en el sentido de que son bipersonales, sino en el sentido más sutil, correspondiente a la unicidad de la conducta conjunta resultante, de que un valor justifica por igual a los dos copartícipes y un desvalor al uno califica y al otro descalifica, en el sentido de que esto último es peor que lo primero, como advirtió Demócrito (*Fragmentos,* 45) y evidenció Platón en su *Gorgias* (474 *c* y 508 *c* y *e*). En ningún caso ninguno de los copartícipes queda ajeno a la valoración, lo cual acredita el compromiso de cada cual en la conducta que ambos comparten y la referencia a una única conducta compartida y no a dos conductas paralelas.

Ahora bien: si los valores jurídicos son, así, los valores coexistenciales de la conducta en sí misma considerada, cabe, según la filosofía existencial que en la conducta coexistenciada de alguien, el prójimo juegue como una parte —claro está, muy calificada por su libertad— del inundo circundante; sería una causa primera entre las causas mecánicas. Cabe también que en la conducta coexistenciada de alguien, el prójimo juegue como una persona en su individualidad; sería un *tú* contrapuesto al alguien como un *yo.* Y cabe finalmente que en la conducta coexistenciada de alguien, el prójimo juegue a la par del otro como miembro de una superior integración; sería un *tú* complementario del alguien como un *yo* en un *nosotros*.

Son tres planos inseparables que el análisis distingue y nada más; pero de todas maneras son tres planos axiológicos, cada uno con su peculiar proyección. Además, en los tres planos procede distinguir entre el valor de autonomía y el valor de heteronomía, pues la coexistencia sintetiza como tensión ambas cosas. Así resulta un plexo de seis valores bilaterales en la justificación del Derecho, a saber:

> Primer plano: seguridad como autonomía y orden como heteronomía.
>
> Segundo plano: paz como autonomía y poder como heteronomía.
>
> Tercer plano: solidaridad como autonomía y cooperación como heteronomía.

El plexo axiológico se completa con sus desvalores. A cada valor de autonomía corresponde un desvalor, que son, conservando la misma secuencia, la inseguridad, la discordia y la secesión. Pero a cada valor de heteronomía corresponden dos desvalores, que son respectivamente el ritualismo y el desorden, la opresión y la impotencia, la masificación y la minoración[1].

Todos estos valores hacen a la gente entenderse entre sí en lo que implica la conducta que comparten y como un aspecto del compartirla; con los desvalores, al revés, se origina un desentendimiento. Además, todos estos valores se ligan con la justicia en forma de ser directamente comprensible una reciprocidad de esta especie: la paz es justicia, la justicia es paz. Lo propio ocurre con la injusticia y aquellos desvalores. Esto con-

---

1 Como es sabido, Aristóteles, con su teoría del punto medio, daba dos desvalores por cada valor en general (*Ethica nicomachea,* Libro II, cap. 8 y 9) Hartmann ha impugnado esta tesis, sosteniendo la necesidad de un solo desvalor por cada valor en general (*Ethica,* II, cap. LXI). La descripción fenomenológica confirma la tesis de Hartmann para nuestros valores de autonomía y la de Aristóteles para los de heteronomía. Como la existencia colectiva se radica en la de los individuos que la componen, la autonomía y sus dos signos que es cosa individual no admite ser separada de la existencia, que también es cosa individual. En cambio, la heteronomía, que es cosa colectiva, además de sus dos signos, admite un tercer signo al comparar la existencia colectiva como cosa derivada, con la existencia individual de sus miembros que la sostiene.

duce a la afirmación de que la justicia, elaborada como razón suficiente de este plexo axiológico, es el mejor entendimiento societario dentro de cada situación. Ella se manifiesta a través de alguno, por lo menos, de los seis valores nombrados, según cual sea la naturaleza del problema que estuviere en cuestión.

El tema se radica ahora en analizar el entendimiento societario: qué lo promueve como necesidad óntica y en qué consiste como proyección ontológica. La evidencia de que coexistir es, en alguna medida, entenderse, apenas da un punto de partida. Pero basta tener presente la forma como Adam Smith (*Inquiry into the nature and causes of the Wealth of Nations,* 1, 2.°, 3.° y 4.°), recoge la idea de la división del trabajo social, considerada en diversa profundidad ya por Platón *(República,* Libro II, 369 b) y por Jenofonte *(Cyropoedia,* Libro VIII, 2), para tener un hilo conductor que nos esclarezca la primera pregunta. La división del trabajo social —que aumenta la destreza técnica, economiza tiempo y conduce a invenciones instrumentales—, emerge de la propensión humana para el cambio y el trueque al articularse en ella la necesidad de sustentación y defensa que el hombre reclama como ayuda de sus prójimos, cualquiera sea su edad y a diferencia del animal que, en llegando a adulto, hace por sí solo todo lo que para sí necesita.

Por otra parte, el entendimiento societario o consenso se muestra, en su forma decaída, cuando alguien obra como el otro confía que obre en la situación vital que ambos conviven. Hay entendimiento societario en general, si cada uno hace lo que los demás confían que haga en la situación común. En el entendimiento societario cada actitud es, para los demás, lo que los demás esperan de cada cual. Con esto —nótese bien—, cada cual entra en la integración del proyecto existencial de la vida personal de los demás, en una forma diferente a como ingresaría cuando el encuentro con el prójimo es en sí mismo desvalioso y tenemos que enfrentarlo como un riesgo, un conflicto o un divorcio. Pero sobre esta base decaída, la exégesis existencial nos permite ver la forma auténtica del entendimiento societario. Esta aparece articulada en la facultad jurídica de *señorío,* cuando la comprensión de la situación vital en que el otro se encuentra suministra la base de lo que el titular del señorío va a hacer como respuesta, frente a ese otro que está en la relación de conducta esperando de él una actitud, sea que este la tome como acreedor, sea que la tome como situación. Por esto, en la sociedad capitalista, el entendimiento societario gira, en tan grande medida, en torno al derecho de propiedad, que es el mayor haz imaginable de facultades de señorío organizadas como una sola institución.

Se advierte ahora que la justicia —lo mismo que cualquier valor—, es un existenciario de futuridad. Se radica, por consiguiente, en el *ego* y al propio tiempo en la situación, atenta la validez que tiene el enunciado de Ortega y Gasset "yo, soy: yo y mi circunstancia como expresión del "estar-siendo-en-el-mundo" heideggeriano. Con esto, la contraposición axiológica de objetivismo y subjetivismo queda superada, pues la situación es objetiva en cuanto que es común para todos; y la subjetividad del *ego*, para ser situacional, ha de subsistir como vocación y ha de compartirse como opinión pública aún en la hipótesis de que la opinión popular le sea adversa o indiferente. Si la justicia en su esfera, como cada otro valor en la suya, es la mejor salida de una situación, se comprende que solo una vocación se pone en la tarea de escudriñar las posibilidades de esa situación; y que la intersubjetividad que puede hacerle eco en el momento innovador, es la de los espíritus que, por vivir con profundidad, hacen opinión pública.

El hecho de que yo, como existencia, sea yo y mi circunstancia, comporta como consecuencia que la verdadera justicia no puede ser conservatista. En efecto: si la justicia ha de consistir en dar a cada uno lo suyo, se está diciendo también, para no incurrir en vacuidad, que la justicia conoce qué es lo suyo de cada cual porque precisamente ella sería su determinación. Pero en tal caso se hace evidente que lo suyo de cada cual depende de la circunstancia con que cada cual se integra; y la circunstancia se modifica de momento a momento, al elevarse como altitud sobre su propio pasado, la vida de cuya integración se trata.

La justicia, como pertenencia circunstanciada, no puede ser, ya, algo indeterminable o algo vacío. Por el contrario, es tan concreta y llena como la vida que está en trance de justificarse, porque ella, la justicia, viene a ser la mejora del orden que nos sitúa, la mejora de la seguridad que nos protege, la mejora del poder que nos jerarquiza, la mejora de la paz que nos une, la mejora de la cooperación que nos armoniza y la mejora de la solidaridad que nos acoge.

Estas seis radiaciones situacionales de la justicia eliminan toda vacuidad y toda evanescencia a su respecto, no solamente por lo que hay de concreto como situación en cada una de ellas, sino también por la suficiente justificación que la conducta compartida alcanza con todas ellas. Si a esto se agrega que el juicio de justicia contempla la salida de una situación y recae sobre lo que como mejor o peor se estuviere significando en aquellos seis aspectos, entonces habrá de aceptarse que el lenguaje de la justicia es absolutamente concreto y además inequívoco.

Este manejo axiológico tiene su garantía en que concluye con algo axiológicamente inequívoco. Señalar la mejor o la peor de entre dos soluciones, es un acto inequívoco; se lo ejecuta con claridad.

# CAPÍTULO IV

## LA CONDUCTA JURÍDICA ES PROYECTABLE

Ya hemos destacado que la conducta, como vida humana, es un deber ser existencial. Corresponde hacer explícito ahora que, así como la conducta se integra, obviamente, con la emoción de sí misma, con el impulso de sí misma, con la decisión de sí misma, con el propósito de sí misma, con los valores de sí misma, etc. así ha de reconocerse que también se integra con el pensamiento de sí misma. Esto es obvio en la medida en que la percepción de su omisibilidad e impedibilidad se corresponden con la percepción de un *ego* y de un *alter ego;* y el *ego* se define, entre otras cosas, por ser pensante. La cuestión ahora es percatarse de la naturaleza de este pensamiento de sí misma con que la conducta se integra y ver qué problemas de la experiencia jurídica se resuelven sobre esta base analítica.

Comencemos anotando que la Naturaleza y la conducta son predecibles, pero por diversa razón. La Naturaleza es predecible en la medida en que es repetible; anunciamos lo que ocurrirá mañana sobre la base de que eso mismo ha estado ocurriendo hasta hoy. En cambio, la conducta es predecible porque es proyectable. La conducta, siendo irrepetible como es, sería impredecible si no fuese proyectable. Y ser proyectable quiere decir que a la conducta la tenemos como proyecto antes de tenerla como realidad.

Ahora bien; tenerla como proyecto es tenerla en el pensamiento. Sin embargo, esto no quiere decir que primero sea el pensamiento y luego, como algo independiente, la conducta, pues la conducta ya comienza a ser al anticiparse como proyecto ella misma. El proyecto no es solo un pensamiento *acerca* de la conducta, sino que lo es siéndolo *de* la propia conducta como el integrante de ella donde se radica su epifanía existencial. El hecho de que, al llegar a su término, la conducta llega recargada con esta anticipación inicial ahora como su propio pasado y el hecho de que este pasado subsistente resulta indispensable para conocerla y comprenderla, son cosas que demuestran, ambas, que el pensamiento de sí misma con que la conducta se integra no es un descarnado pensamiento *acerca* de la conducta, sino que es aquello que en la conducta *hay* de pensamiento como componente de ella. En resumen: la conducta es predecible porque es proyectable; y es proyectable porque uno de sus ingredientes es pensamiento. Podemos proyectar la conducta porque ella tiene un pensamiento intrínseco. El proyecto en cuestión es este pensamiento y nada más.

Tan importante como esto es hacerse cargo que, si la conducta es un deber ser existencial, entonces el pensamiento de sí misma con que ella se integra, forzosamente tiene que ser un deber ser lógico para poderse corresponder por integración con el deber ser existencial. Hablar de un deber ser lógico significa que a la par del verbo *ser* como cópula de los juicios, el verbo *deber ser* también lo es, en otros peculiares juicios que llamamos normas. Frente al pensamiento entitativo aparece así el pensamiento normativo con sus nombres y juicios: diputado, inquilino, hipoteca, etc. son nombres de esta especie; cualquier regla de derecho es un juicio normativo. La auténtica y grande importancia de Kelsen está aquí: su teoría *pura* no es una teoría del Derecho; ni siquiera lo es del conocimiento jurídico. Kelsen ha inaugurado la teorización del pensamiento jurídico y nada más, lo que, por cierto, ya es mucho para estarle agradecido. Una fenomenología de la norma permite convalidar con este limitado, pero importante alcance, la tesis kelseniana de la cópula normativa, que es su planteamiento básico.

Conforme a lo que queda expuesto, podemos decir ahora que la conducta jurídica se integra con una norma jurídica como pensamiento de sí misma; y que el proyecto jurídico de una conducta es esa norma con la que la conducta se integra. Si así no fuera, la conducta no podría ser jurídicamente proyectada por no ser jurídicamente proyectable.

La referencia al pensamiento normativo como cosa aparte, mediante una abstracción —por lo tanto, la descarnada referencia al Derecho espectralizado como un puro pensamiento—, lo coloca al jurista en un plano lógico-formal que lo autoriza a asumir una pretensión de ciencia.

Esto quiere decir, como lógica pura, que cabe formalizar ese pensamiento normativo mediante el simbolismo logístico para obtener, como esencia formal, la estructura necesaria de las normas jurídicas. Según la investigación egológica, esta formalización se muestra en la siguiente fórmula disyuntiva: "Dado *Ht* debe ser *P* por *Ao* frente a *At;* o dado *no-P* debe ser *S* por *Fo* ante *Cp*", lo que ha de leerse de esta manera: "Dada una situación vital temporalmente determinada como hecho antecedente, debe ser la prestación por alguien obligado frente a alguien titular; o dado el entuerto, debe ser la sanción por un funcionario obligado ante la comunidad pretensora". (Endonorma o perinorma).

Pero quiere decir, además, como pretensión de ciencia, que este esquema lógico, al desformalizarse como concepto empírico, garantiza al jurista un contenido conceptual completo e inequívoco referente al problema que en ese momento fuere su preocupación, a la vez que a esta preocupación la hace comunicable en términos rigurosos. La ciencia del jurista dependerá, sin duda, de lo que la experiencia convalide en su pensamiento normativo; pero su pretensión de ciencia depende de que este pensamiento tenga un lugar para todo lo que le estuviere dado como alteridad, y de que ese pensamiento tenga objetividad como comunicación intersubjetiva.

Sin embargo, con motivo de esta posibilidad reflexiva de referirnos, como cosa aparte[1], a las normas empíricas que solo son, en sí mismas, el pensamiento normativo en concreto se hace indispensable distinguir entre el saber y el conocimiento. Sabemos todo aquello que nuestra conciencia vive porque el ser de ella es, precisamente, ese tener conciencia de lo que la embarga; pero no todo lo que la conciencia vive es conocimiento. El saber recae sobre la vivencia; el conocimiento recae sobre un objeto. La conciencia afronta objetos en algunos actos suyos muy específicos: percibir, rememorar, fantasear, juzgar y nombrar; en cambio, la conciencia propiamente dicha siempre es vivencia. Cuando tengo una emoción, sé que la tengo y sé lo que me

---

1 La norma, claro está y conviene repetirlo, como pensamiento puede aislarse y expresarse por aparte (por ejemplo, cuando la enuncia un legislador al legislar); en este caso ella es, como cualquier pensamiento, una representación intelectual de la conducta a que se refiere. Pero para que la representación normativa sea de verdad una norma y no palabra muerta, tiene que ser reencontrada en la conducta a que se refiere como el pensamiento de esta conducta, es decir, como su proyecto y a la par de su emoción, de su impulso de sus valores, etcétera.

pasa; y esto, que es todo, no es conocimiento porque mi saber ni nombra ni predica nada; solo vive la conciencia que él es. De la misma manera, cuando ordeno a mi sirviente cerrar la puerta, sé que le ordeno y sé lo que ordeno; y esto, que es todo, tampoco es conocimiento porque mi saber ni nombra ni predica nada; también solo vive la conciencia que él igualmente es. En cambio, cuando hago una afirmación, sé que afirmo; sé también lo que afirmo puesto que comprendo el significado de las palabras que uso; hasta aquí llega el saber; pero además está aludido un objeto que concurre para confirmar o desmentir mi afirmación. El conocimiento, que lo es del objeto, se radica en lo que mi enunciación como significación puede ser confirmada o desmentida por el objeto, pero no en la conciencia con que he vivido esta significación por el hecho de que ella existe como conciencia, aunque consista en significar.

Ahora bien; si en este sentido a un objeto se lo conoce y a un lenguaje se lo sabe, claro está que cabe el conocimiento de un lenguaje como *objeto filológico* cuando lo estudiamos para aprender su léxico o su sintaxis. Pero una vez aprendido, cuando lo utilizamos al expresarnos mediante él y es vivido como la conciencia de lo que pensamos —que, en el caso, es lo que hacemos— al saber el significado de las palabras que estamos empleando, entonces el lenguaje sale del campo del conocimiento y retorna al del saber.

Por otra parte, cabe destacar ahora que el pensamiento de sí misma con que la conducta se integra, puede mostrarse, por un lado, como un conocimiento normativo en razón de la referencia a un objeto que, como todo pensamiento conceptual, contiene; pero puede mostrarse, por otro lado, como un lenguaje técnico en la medida en que todo pensamiento conceptual se acompaña de su propia expresión verbal al instituirse en comunicación[2]. Sobre esta base, nos corresponde agregar que la

2 Lo que hubiere de lenguaje, es decir, lo que fuere saber, en el pensamiento de sí misma con que la conducta se integra, soporta una de las tesis egológicas más escandalosas para el jurista académico, a saber, la de que no se interpreta la ley sino la conducta humana mediante la ley. Dada la enorme importancia práctica de esta cuestión, conviene dejarla perfectamente en claro.

La idea de que interpretar es un modo de conocer y de que, por lo tanto, la interpretación jurídica se enclava en el problema filosófico de la Gnoseología, adviene para la Jurisprudencia recién con la tesis egológica. Acaso el jurista haya vivido siempre lo primero como un difuso saber o como un vago presentimiento; pero jamás se le ocurrió tematizarlo como un problema del conocimiento, esto es, asentarlo en la Filosofía. A pesar de ello, es obvio que interpretar es un modo de conocer.

En la tematización egológica, la interpretación técnica que efectúa un jurista no tiene el alcance de un saber como mera practognosis, (como resulta ser lo que el carpintero sabe de su martillo cuando martilla), sino que esa interpretación técnica viene a ser el conocimiento de algo. La teoría egológica ha hablado de un conocimiento de protagonista para hacer inequívoco que se trataría, más vale, de una practognosis con alcance teorético. El algo a cuyo conocimiento se llega con la interpretación jurídica, es la conducta humana en su interferencia intersubjetiva. Y así aparece la tesis del escándalo: el juez que aplica un código no interpreta la ley, sino que interpreta la conducta mediante esa ley; y un juez del Common Law no interpreta la regla de derecho que encuentra en un precedente, sino que interpreta la conducta mediante las reglas de sus precedentes.

A pesar del escándalo académico, la tesis es inobjetable en la medida en que la interpretación jurídica significare conocimiento jurídico. Pues si este conocimiento que está en cuestión versara sobre el texto de la ley o sobre el enunciado de una regla, sería un conocimiento filológico, es decir, el conocimiento de un lenguaje, del lenguaje técnico de un círculo de juristas. Y si se tratara de un lenguaje que el jurista en la ocasión emplea, hay en ello un saber, pero no ya un conocimiento jurídico de la ley ni de la regla contenida en el precedente.

El jurista sabe lo que jurídicamente dice merced, claro está, al código que aprendió o a lo que los precedentes le enseñaron; pero podría decir todo cuanto quisiera sobre esa base sin que haya en ello ningún conocimiento jurídico, si lo que estuviere diciendo no lo es acerca de algo que, estando dado, podría confirmar o desmentir su afirmación. Este algo es lo que el jurista así conoce o pretende conocer; y siempre es alguna conducta compartida.

El jurista romanista aprende su código para utilizarlo en el conocimiento jurídico de sus casos de experiencia, así como el jurista del Common Law aprende para lo mismo las reglas de sus precedentes; pero es obvio que el jurista no aprende su código o sus reglas para tener un conocimiento jurídico del propio código o de las reglas mismas, porque aquí semejante expresión constituye ella misma un patente sinsentido. Él sinsentido se radica en que no cabe un conocimiento jurídico acerca de un código —cabe, en cambio, un conocimiento correcto como ocurre con todo lenguaje—, porque el propio código, como lenguaje técnico, ya es conocimiento jurídico él mismo; y ello en la medida en que para el jurista es una presuposición la vigencia de su lenguaje técnico. Lenguaje vigente es aquel que está en juego para entendernos; y lenguaje técnico es aquel que se corresponde con la realidad, por cuanto la técnica tiene su fundamento en la verdad. Si en un código pueden conjugarse ambos rasgos, sin embargo, es patente que el legislador como órgano instaura únicamente el lenguaje vigente que el código fuere, a la vez que el legislador como jurista instaura el lenguaje técnico que el código también fuere. Ninguna de las dos cosas puede faltar, para poder entender correctamente nuestra tesis referente a la interpretación y al papel que la ley juega en ella; pero se ha de tener presente que la primera de aquellas cosas es convencional, y la segunda entitativa. En forma paralela lo mismo podemos decir del precedente y de su regla de derecho dentro del Common Law porque también en el juez se da la dualidad de órgano y jurista. Esta dualidad corresponde al conocimiento de protagonista y por eso el tratadista escribe poniéndose a la tuerza en el lugar del órgano que incumbe a su problema.

Ahora bien: cuando se dice que conocemos conceptualmente algo —el conocimiento conceptual es el único rigurosamente comunicable—, se está diciendo que conocemos algo mediante un lenguaje; y esto significa que lo conocemos con la expresividad de que ese lenguaje es capaz (su vocabulario, su sintaxis, sus cadencias, su entonación, sus modismos, etc.). De la misma manera, cuando decimos que interpretamos la conducta jurídica conducta es proyectable no por lo que hubiere de lenguaje en el pensamiento normativo de sí misma con que ella se integra, sino por lo que haya de conocimiento en ese pensamiento que desde adentro de ella misma la está mencionando. Con esto nuestra tesis puede llegar a su esclarecimiento final:

Habíamos señalado que la norma mienta una conducta, es decir, vida humana. Por rígida que forzosamente sea la mención, ya que el pensamiento tiene la misma rigidez ideal que los números, el objeto mentado es, en nuestro caso, de una extrema fluidez por estar mentada la vida, es decir, siempre posibilidades de vida, vida posible, pues la vida en sí misma es el hecho de la posibilidad, la posibilidad de posibilidades, el llegar a ser esto o aquello por opción Al mentarse por la norma el ser de la vida, se mienta su opcionalidad; y en forma similar, al mentarse por la norma jurídica el ser del Derecho, se mienta la impedibilidad de la vida, es decir, la interferencia intersubjetiva de conducta con que esta emerge como experiencia. Y obsérvese que con relación a uno y otro ser solo cabe la mención por parte de la norma, pues no depende de la norma ni de la intención de

---

mediante un manojo de normas vigentes, se significa que la conocemos con la expresividad técnica con que esas normas, como lenguaje, pueden expresarla. La expresividad de un lenguaje técnico comprende, claro está, tanto lo que tenga de convencional para comunicarnos y entendernos, como lo que contenga de conocimiento por generalización; pero ambas cosas meramente vividas como saber y no intencionadas como objetos.

En consecuencia, si un código, por ejemplo, no acepta la enfiteusis o si sus reglas de juego no admiten la acumulación de sanciones, la conducta ocurrente no podrá ser conocida con estos alcances porque ellos, como sentidos jurídicos, no están entre los recursos expresivos de aquel código. Ese código, claro está, permitirá expresar alguna otra cosa. Pero sea lo que fuere aquello que ese código permita expresar jurídicamente, para que quepa hablar de conocimiento tiene siempre que acaecer el mismo fenómeno de conducta que el que alcanza expresión normativa en el código. Dándose esa superposición entre lo intuido y lo expresado, el fenómeno de conducta queda conocido mediante el código; se ha interpretado la conducta mediante la ley.

Podemos decir, ciertamente, que un código instituye la fianza solidaria en determinados casos. Nuestra afirmación puede significar, en primer término, como lenguaje vigente, que encontramos esa institución en el texto del código y en segundo término, como lenguaje técnico, que cierta realidad de conducta generalizada se corresponde con aquellas enunciaciones del código. En lo último resulta que el pensamiento normativo del código es, como generalización un conocimiento jurídico. Pero no se trata de lo primero ni de lo segundo cuando un juez tiene que decidir si el demandado en un litigio es fiador o no lo es. Aquellas dos instancias retroceden ahora a su vivencia y solo son el saber merced al cual el juez sabe lo que dice al sentenciar. Hacer valer o no la fianza, la solidaridad, etc. como conocimiento, depende ante todo de la conducta que hubiere acaecido. Y en ello ya se ve que la interpretación recae sobre ella como algo perceptible, justificable e incluso proyectable, aunque se recurra a las significaciones del código para seleccionar lo que en todo esto fuere técnicamente expresable y de nuevo proyectable en posibilidad.

nadie que haya ante los ojos una conducta proyectándose o que haya una interferencia intersubjetiva de conducta. Ambas cosas son puro dato; son el ser dado allí como fenómeno en el propio fenómeno.

Pero la mención de un fenómeno que consiste en su posibilidad de posibilidades, como es la conducta, tiene forzosamente que integrarse con la mención de la posibilidad elegida, para que la mención lo sea del fenómeno existencial y no simplemente de una abstracción ideatoria vinculada al fenómeno como su núcleo descarnado. El fenómeno de conducta, que es la posibilidad elegida, se presenta con los modos de ser con que esta elección reviste a la posibilidad de ser esto o aquello, pero que después de la elección es ya solamente esto y no aquello, o a la inversa. La mención normativa contiene, así, también, la mención de los modos de ser de la conducta jurídica; y en la medida en que la norma jurídica expresa como proyecto aquella elección, la norma resulta constitutiva de esos modos de ser, pues estos sí dependen, como preferencia, de lo que la norma enuncia. No se trata de una dependencia absoluta y arbitraria, sino de una dependencia subordinada y en enclave, pues la posibilidad elegida tiene que ser forzosamente una de las posibilidades reales. Pero dentro de este enclave, los modos de ser de la conducta jurídica están instituidos por la norma jurídica que hace constar la preferencia. Depende *lógicamente* de la norma jurídica, porque tal es su estructura, que el impedimento de la conducta sea lo permitido y su no impedimento sea lo prohibido (o al revés) y que lo permitido sea potestativo y no sea obligatorio (o al revés); a la par que depende *empíricamente* de ella, porque corresponde a su desformalización, que la elección efectuada configure un testamento, un condominio, una sociedad, un hurto, una absolución de posiciones, etc.

En resumen: el hecho biográfico de la posibilidad de posibilidades *más* la posibilidad preferida como hecho, son un solo y mismo hecho para la mención normativa contenida en la norma jurídica como proyecto de conducta, no obstante que la mención resulte constitutiva para lo segundo en la experiencia, pero no para lo primero. En todo esto no hay nada existencialmente insólito, habida cuenta que Heidegger ha podido caracterizar pulcramente la vida humana como "el poder ser una posibilidad, siendo la posibilidad que llega a ser". Este planteamiento ontológico está simplemente recogido por la tesis egológica de la norma jurídica como proyecto de conducta. Como se habrá apreciado, nuestra tesis dice que la mención normativa mienta el poder ser una posibilidad *en* la posibilidad que llega a ser.

Hay que mentar la conducta como conducta; y esto no se consigue mentando aisladamente como hecho perceptible la posibilidad que se realiza. Es necesario mentar todas las posibilidades que por su efectividad igualmente pudieron ser realizadas, de haber sido elegidas, destacando en la mención sobre esta base la posibilidad que se realiza como la preferencia que ella es. Solamente así la apariencia que se realiza es una posibilidad que se realiza precisamente como posibilidad y sin dejar de serlo.

Ilustremos todo este análisis con un sencillo ejemplo. Sea el caso de una ley destinada a modificar fundamentalmente el régimen impositivo. Al parecer, pocos campos como el impositivo ofrecen tanta latitud al arbitrio del legislador. Pero se trata siempre, claro está, de un proyecto de conducta, cosa que no podría hacerse si la conducta no fuera proyectable.

Ahora bien. En forma pre-normativa, señalando simplemente un hecho cuya existencia no depende de lo que el legislador decida, podríamos clasificar a los habitantes comprendidos por la futura norma, en cuatro grupos: muy pobres, pobres, ricos y muy ricos. De acuerdo con esto, nuestro legislador tendría tres posibilidades extremas para elegir:

a) Sanciona una norma que reconozca cuatro grupos de contribuyentes, fijándoles una tasa de 0, 1, 3 y 12 respectivamente. La norma parecerá justa y la vida de acuerdo a ella será un entendimiento societario. Pero ha de reconocerse que esta norma simplemente expresaría como pensamiento mentante, lo que también como pensamiento viviente y además como emoción, impulso, percepción, etc. está ya contenido en la conducta mentada, que es siempre conducta posible, es decir, posibilidades reales de conducta.

b) Sanciona una norma que fija para todo el mundo la tasa impositiva de 3. La ventaja de su simplicidad técnica no impedirá que resulte doblemente injusta por el agravio que significa para los pobres y muy pobres y por el beneficio que significa para los muy ricos. Y, además, como norma en falso, será una falsa norma en la medida en que los pobres y muy pobres no paguen su impuesto por no poder hacerlo. La posibilidad elegida tiene que ser una posibilidad real.

c) Sanciona una norma similar a la de la primera hipótesis, pero agregando beneficios o recargos impositivos ilusorios. Por ejemplo, contemplando la situación de los longevos con más de 150 años de edad o de matrimonios entre lapones y zalúes en la sociedad argentina, etc. Todos estos agregados serían inoperantes por no ser mención de una posibilidad real. Aquí la posibilidad elegida por el legislador está frustrada en su referencia al ser de la conducta.

El ejemplo nos muestra con claridad un hecho decisivo: únicamente en la primera hipótesis, para el juez, la verdad aparece como justicia; y para la doctrina, la justicia aparece como verdad. Esta hipótesis es el horizonte egológico. En el Derecho algo es lo que es solo cuando se conoce qué es lo que es. El legislador en la ley y el juez en la sentencia expresan este conocimiento normativo integrante de la esencia egológica; pero esta expresión conceptual, para ser conocimiento, ha de ser sin error, es decir, ha de contar con la correspondencia efectiva de la conducta posible anticipada por la mención. El error de conducta, ya lo sabemos, es un error de posibilidad por ser un error en la preferencia.

## CAPÍTULO V

## EL ERROR DOCTRINARIO, COMO INADECUACIÓN A LA CONDUCTA JURÍDICA, TIENE LA NATURALEZA DE UN OBSTÁCULO SOCIAL

Cuando el poder político es teocrático, su teocracia involucra la posibilidad de un conflicto ideológico con la ciencia natural. Pues toda teocracia se respalda en una teología y toda teología se liga a una cosmología. La suprema prueba de la existencia de Dios radica siempre en mostrarlo como el creador del mundo. Y como a su vez la ciencia natural es cosmológica, la discrepancia, ya siempre posible, entre ambas cosmologías, abre la posibilidad de un conflicto ideológico entre el error útil para el prestigio político del Estado oficial y la verdad de la ciencia, en sí misma neutral pero situacionalmente escandalosa.

Cuando el poder político se hace laico en Occidente con la burguesía, concluyen en principio los conflictos ideológicos con la ciencia natural, porque ese poder político está desligado de todo interés cosmológico. La memorable condena de Galileo ilumina, hacia atrás, la primera situación; y hacia adelante, la segunda.

Pero no ha de entenderse esto como que los conflictos ideológicos del poder político con la ciencia en general habrían terminado. Por el contrario, se multiplicaron como una consecuencia del aumento de la investigación; si bien el área de los conflictos se redujo al campo de las ciencias del hombre, ya que con relación a ellas los poderes laicos tenían también su "verdad" oficial, enlazada a su suerte como causa de prestigio. Para las ciencias históricas y sociales se abrió así su peculiar posibilidad de conflicto ideológico con el poder político. Tal era la situación que encontró Carlos Marx cuando puso sobre el tapete la discusión en torno a las ideologías, tema que es una de las máximas preocupaciones del hombre contemporáneo.

Sobre esta base, la teoría egológica se hace cargo de que también en la ciencia jurídica y no solo en la experiencia del Derecho, un error, además del desajuste entre intuición y concepto que viene a ser en el plano teorético, es a la par un obstáculo social. Así emerge la tarea de desenmascarar a los juristas como ideólogos de la clase social a cuyo servicio están.

Referido este problema a los últimos doscientos años de la historia occidental, significa mostrar la perturbación y deformación que ha ocasionado el capitalismo, en el esfuerzo para hablar con propiedad de una verdad jurídica. En este lapso pueden señalarse seis grandes enfoques como escuelas jurídicas:

La doctrina del Derecho Natural, con sus dos ramas, la feudal-católica y la capitalista protestante. Para la primera, el ser del Derecho se radica en la voluntad de Dios o en el pensamiento de Dios. Para la segunda, en una conformidad racional con la naturaleza humana. En ambos casos se trata de un racionalismo metafísico.

> El racionalismo dogmático de los alemanes, que lleva el ser jurídico al plano conceptual de las normas: sea como finalidad, sea como normatividad, el Derecho sería norma y solamente norma.
>
> El empirismo exegético de los franceses, que lleva el ser jurídico al plano del poder político: el Derecho sería la voluntad del legislador entendida como intención psicológica.
>
> El historicismo casuístico de los ingleses, que lleva el ser jurídico al plano del poder social: el Derecho sería el precedente judicial entendido como reconocimiento de las costumbres.

El sociologismo ecléctico de los norteamericanos, que lleva el ser jurídico al plano técnico del control social: el Derecho emergería por una transposición pragmática de los intereses humanos a una perspectiva de interés colectivo o social, siendo la solución coercitiva de sus conflictos mediante la regla de derecho, que sería una norma técnica al servicio de aquella transposición.

Y, por último, la egología existencial, que lleva el ser jurídico al plano coexistencial de la vida humana: el Derecho viene a ser la conducta humana en su interferencia intersubjetiva: y la norma jurídica, el proyecto que la anticipa e integra como elección de su posibilidad eliminatoria y restante.

La teoría marxista de las ideologías, fenomenológicamente reajustada, permite mostrar, en forma pormenorizada, la ideología capitalista de todas aquellas posiciones pre-egológicas. Pues, en efecto, si se observa el perfecto acople que hay entre las valoraciones político-económicas de la sociedad capitalista y lo que nuestros juristas (tratadistas o jueces) presentan como teoría jurídica independiente de aquellas valoraciones; si se advierte cuánto coincide este pensamiento doctrinariamente normativo con el interés económico que promueve aquellas valoraciones, nadie creerá que es porque hay una armonía preestablecida entre el capitalismo y la verdad jurídica: nadie creerá, en la emergencia, que se trata de un paralelismo casual entre uno y otra; nadie creerá que la fundamentación del mismo resultado, presentada por el jurista silenciando el motivo económico, es tan neutral como él lo pretende respecto de ese motivo y de su resultado político. La explicación se hace manifiesta con solo suponer que ese pensamiento doctrinariamente normativo es, él mismo, ideológico, porque no obstante estar promovido por un interés de la clase dominante, enmascara este interés para defenderlo con otro ropaje en el campo del pensamiento.

Un ejemplo muy elocuente de esta armonía preestablecida, lo tenemos en la postulación del Derecho como un mero sistema de normas, que expresa ideológicamente la necesidad del capitalismo —a esa fecha, ya instalado en el poder estatal—, de hacer a los negocios jurídicamente calculables (Max Webber, *Historia económica general,* cap. IV, N.° 8): la norma, como proyecto, tiene esta aptitud; y cuanto más aisladamente se la sustantive, tanto más operante parece resultar la calculabilidad que ella contiene. Por eso se llega a semejante postulación por igual en toda la Europa capitalista del siglo XIX, no obstante, la heterogeneidad del aparente primer fundamento, pues se llega académicamente mediante la teleología y la normatividad, en la órbita alemana; legislativamente mediante la codificación y la imperatividad, en la órbita francesa; y judicialmente mediante los precedentes y la intangibilidad, en la órbita inglesa.

Otro ejemplo igualmente elocuente de aquella armonía preestablecida lo encontramos en el hecho de las valoraciones capitalistas con que la doctrina configura la noción categorial de "acreedor", en razón de que la teoría atiende técnicamente solo a la experiencia judicial y de que a esta experiencia llegan únicamente los deudores que no pueden pagar sus deudas, es decir, aquellas relaciones jurídicas de contenido económico donde el acreedor es un capitalista. Otro ejemplo no menos elocuente —la ejemplificación corresponde teóricamente, claro está, a una serie indefinida—, es la peregrina teoría penal del liberalismo maduro que favorecía a las asociaciones declarando su imposibilidad de delinquir, sobre la base autocontradictoria de señalar en ellas, por un lado, su incapacidad óntica para tener ánimo; y por otro, de darles una entidad sustantiva mediante una hipóstasis para no ver el dato óntico de sus asociados como su única sustantividad. En la medida en que el delito económico por enriquecimiento ilícito es el específico delito de estas asociaciones, no se necesita mucha sagacidad para advertir el interés de los capitalistas por mantener impune un delito que solo ellos pueden cometer.

La investigación ideológica que aquí concierne como gnoseologia del error y que en la circunstancia ecuménica de mediados del siglo XX afecta al capitalismo en cuanto concepción imperante de la vida, tiende a explicar por qué subsisten en los tribunales y en los libros, ciertas nociones y concepciones jurídicas, cuyo error está suficientemente denunciado por la doctrina. Dentro de una ciencia de la Naturaleza, basta la verificación de un error para que el científico prescinda de él y lo olvide de inmediato; esta fidelidad a la verdad es posible allí, hoy, porque hay libertad para ello al no existir ningún interés politizado en sentido contrario. Pero mientras haya intereses sociales que resulten favorecidos por un error jurídico, se comprende que estos errores pasan a unificarse con aquellos intereses y resultan ser un obstáculo social, no solo en el sentido genérico que lo fueren los intereses que ahora integran como su expresión intelectual, sino también en el sentido específico que pueden tener como sobrevivencias combativas y cismáticas, en el campo donde se reúnen los que sienten una vocación por la verdad. Ahora, a través de un fenómeno de conciencia falsa, no hay aquí la misma libertad para prescindir y olvidar un error, como la hay en el campo de las ciencias matemáticas y naturales. Y en la medida en que las ideologías penetran en la teoría jurídica por el hueco que significa la falta de ontologia, la investigación ontológica destaca su propia y peculiar importancia.

Como teoría jurídica, ninguna de las doctrinas pregológicas tiene una base ontológica intuitiva; es decir, ninguna cuenta con algún hecho lo suficientemente general como para que el ser de ese hecho pueda ser encontrado por explicitación a cualquier altura del desarrollo teórico, otorgándose siempre él como un mismo y constante fundamento[1]. Y al carecer así de su correspondiente ciencia eidética, aquellas teorías resultan, fenomenológicamente, meras construcciones intelectuales respecto de todo lo que carezca de base intuitiva; y socialmente, en la misma media de su construccionismo, puras ideologías en pro del poder político de una clase dominante, sin desconocer en ello los aciertos parciales.

En efecto: la doctrina feudal-católica del Derecho Natural no presenta ningún fenómeno que, como hecho, esté llamado a soportar por abajo sus desarrollos, como ocurriría si el ser de ese fenómeno fuese el supremo principio regional pertinente, es decir, si a ese ser le resultara factible aparecer por explicitación en cualquiera de aquellos desarrollos. Todo es mero discurso en la doctrina. Pero atrás de esta fachada discursiva, está el interés de la Iglesia por imponer, en la última instancia de la conducción política, su supremacía frente al poder laico. Este es el hecho que ideológicamente la promueve, el cual es perceptible, aunque queda a extramuros. No es explicitable en lo que la doctrina nombra, pero es ocultable por lo que esa doctrina nombra.

La doctrina capitalista-protestante del Derecho Natural tampoco toma por base para sustentar sus desarrollos ningún fenómeno como hecho, al ser del cual le sería factible aparecer por mera explicitación en cualquier tema de ese desarrollo. También aquí hay un mero discurso y, a extramuros, promoviéndolo, el interés de la burguesía para que se le reconozca sobre sus bienes urbanos comerciales, crediticios e industriales, el derecho de propiedad privada en el sentido romanista del *jus utendi fruendi et abutendi,* frente al *status* personal que el dominio territorial confería a los nobles.

El empirismo exegético toma, ya, por base de sustentación sistemática un fenómeno como hecho, a saber: la voluntad del legislador. Pero es patente que el ser de este fenómeno no aparece en ninguna figura jurídica del sistema por mera explici-

1 Ver HUSSERL, *Ideas,* especialmente §§ 3, 149 y 153.

tación intuitiva de lo que hubiere en esas figuras, salvo en el acto legislativo mismo. Así, en el testamento que suscribo, en la locación que formalizo, en el hurto que cometo, puedo establecer el ser de estas figuras; pero explicitando el ser de ellas es inútil que pretenda encontrar como calidad de tales esencias, la voluntad del legislador que no ha actuado en ellas. Solo el discurso puede unir aquellas figuras y esta voluntad; lo cual revela la anunciada deficiencia ontológica, reforzada por la reconocida insuficiencia para el conocimiento, de todo discurso no matemático.

También el historicismo casuístico se remite a un fenómeno como hecho para tener una base de sustentación sistemática; y en rigor, no a un fenómeno único como la Exégesis, sino a una multiplicidad de fenómenos, pues cada especie de casos ha de estar regida por su peculiar precedente. Pero la deficiencia ontológica es similar, no solo ahora como incertidumbre en el trance del caso originario si allí mismo quisiera aclararse su consistir genérico, sino también —cosa sistemáticamente más importante— como nexo cualitativo entre el precedente y el nuevo caso donde, por explicitación, habría de aparecer el precedente como calidad genérica. Sin embargo, únicamente un discurso puede sostener esta pretensión, pues existiendo forzosamente diferencias de individuación entre el caso del precedente y el nuevo caso, solo el discurso puede declararlas irrelevantes para defender la identidad genérica entre aquél y este. Ni siquiera un discurso ocasionalmente verdadero, suple la insuficiencia ontológica que en este punto aparece como imposibilidad de una explicitación.

El racionalismo dogmático, mientras fue impuro, anunciaba que su base de sustentación se radicaba en la finalidad de la norma; con lo cual, en rigor, reproducía la actitud exegética con la sola diferencia de que el legislador quedaba reemplazado por el jurista, pues siendo la finalidad un fenómeno de conciencia psicológica, no hay finalidad ninguna, claro está, que lo sea de la norma propiamente; la expresión definitoria es metafórica y no corresponde a ningún fenómeno como hecho: la expresión enmascara el fenómeno de la voluntad de los tratadistas (y la de los jueces o abogados que la asumen) que es, a pesar del caos de las opiniones, la verdadera base de sustentación que como hecho está dada: la finalidad que el jurista transfiere a la ley por motivos ideológicos, es, como hecho, la finalidad que él concibe por sí mismo a título de interpretación.

El racionalismo dogmático, con Kelsen, se hace puro. Ya no se referirá a la finalidad de la norma, sino a la normatividad de la norma; es decir, al verbo *deber ser* como cópula de los juicios con los que el jurista se expresa. Esto es un dato como hecho —sin duda muy importante—, pero no es un fenómeno; concierne al reino de la lógica, pero no al de la experiencia. Kelsen sabe que solo el discurso puede identificar el pensamiento con la realidad; que explicitando un fenómeno físico, aquella cópula no aparece de ninguna manera; que explicitando un fenómeno humano, ella aparece como vivencia en ciertos perfiles de este fenómeno, pero no en otros. Nosotros diríamos que no aparece en la impedibilidad de la conducta; que tampoco aparece en el entendimiento societario contenido en una situación como su mejor posibilidad convivencial; que aparece solo en lo que hay de proyecto en la conducta. Pero esto mismo da la medida de la insuficiencia ontológica del racionalismo kelseniano como una mutilación del ente, cuya primera consecuencia es negarle al ser humano de carne y hueso su carácter de persona en la experiencia jurídica, llenando el vacío con su personificación conceptual. Y como no es posible renunciar a la experiencia jurídica a pesar de habérsela mutilado sin neutralidad gnoseológica, de nuevo se ve la insuficiencia ontológica del racionalismo en todos aquellos aspectos de la tesis kelseniana, básicos dentro de ella, donde la explicitación no puede encontrar la pretendida base de sustentación. Así, no hay lugar para radicar el verbo *deber ser* en la llamada norma fundamental como hecho de poder social, a pesar del evidente verbalismo de la designación; y tampoco lo hay en la sanción como monopolio de la fuerza por la comunidad, que también es un hecho; ni lo puede haber en la opción judicial dentro del marco de posibilidades de una ley, que sería arbitrio, ni, por último, en el derecho subjetivo de quien abre la instancia civil, que también lo sería. La teoría kelseniana, reajustada como lógica jurídica formal, tiene una base suficiente en aquel deber ser copulativo; pero como teoría del Derecho, no siendo ontológica, es ideológica. En verdad, la más servicial de las ideologías porque puede acomodarse a cualquier interés.

Por último, el sociologismo ecléctico también se remite, como base de sustentación, a un fenómeno indudable y muy general, a saber: el conflicto de los intereses humanos, cuya solución normativa, en un peculiar sentido, sería el Derecho, apareciendo en ello la norma jurídica como un instrumento técnico para el control social. Pero la insuficiencia ontológica de esta base es doble.

La idea de que la norma jurídica es un instrumento técnico con su relación causativa, es incompatible con la idea de que ella es un proyecto existencial con su relación gnoseológica. En el campo endonormativo no se puede aceptar la primera idea, ni siquiera alterada bajo la forma de que cualquier planificación de la vida colectiva ya comportaría precisamente aquel uso técnico y su resultado causal, porque en el campo endonormativo, donde las personas asumen las normas, una norma jurídica obviamente desoculta alguna posibilidad ya contenida en la situación social. Por lo tanto, la cuestión decisiva radica en saber si una norma es un utensilio útil para desocultar esas posibilidades o si ella es en sí misma, precisamente, esa desocultación de la posibilidad que enuncia, por el porvenir que muestra y la opción que contiene la propia enunciación, entendiéndose en todo esto que una posibilidad se desoculta con la mera enunciación[2]. En el área endonormativa, la cuestión está decidida en este último sentido por el análisis de nuestra Cuarta Tesis, en cuanto que un proyecto normativo como anticipación de

2 El clásico ejemplo de la flecha caminera, que expresa el rumbo con que los vehículos deben moverse, merece ser examinado. Desde luego, hay aquí una relación técnica de lenguaje, pues la flecha resulta útil como lenguaje: la norma referente al tránsito de vehículos está expresada por la flecha con más eficiencia que por un letrero, un fonógrafo o un agente de policía.

Pero la norma misma, es decir la idea referente a la circulación de los vehículos en una dirección, como un orden o plan, que no es un lenguaje sino una significación, tampoco es un utensilio causativo de un resultado que habría de ser ese mismo orden o plan que ya la norma es en idea. La idea normativa como proyecto, en sí misma solo es el despeje o desocultación de alguna posibilidad realmente contenida en la circunstancia; por ejemplo, tiene que haber en ella una carretera adecuada y una cantidad tan grande de vehículos en circulación, como para que resulte valioso proyectar algo que, siendo una desocultación de lo que la situación tolerare, nos muestre en ello a la situación por un mejor lado y acaso por el mejor de todos. En esto, la norma como desocultación de una posibilidad, tiene que reencontrar luego en la realidad lo mismo que ella anticipa como proyecto; y sin este reencuentro, como antes se vio en nuestra Cuarta Tesis, estará afectada o su efectividad o su valor de justicia. Obviamente no se puede decir que en este reencuentro hay un efecto causativo, pues se trata de lo mismo y de su mismidad. Carece de sentido decir que la norma es un utensilio útil para desocultar, porque ella es ya la desocultación de la posibilidad que enuncia, la cual se desoculta precisamente con la mera enunciación. Para nosotros la cuestión es obvia; sabemos va que mentar el ser es desocultarlo y que preferir un modo de ser es constituirlo.

un interés existencial o coexistencial, es la misma cosa que este interés como realidad de vida. En esto no se puede separar la conducta que se realiza o el interés que ella contenga, por un lado, y su proyecto, por otro, porque la conducta comienza proyectándose; hay en ambos una misma y única mismidad. Y el hecho de que la norma, para no ser una palabra muerta, tenga que reencontrar en la experiencia lo que ella enuncia como proyecto; o de que para no ser un error axiológico tenga que atenerse a lo bueno que descubra en la experiencia, verifica la relación gnoseológica, que no es de ninguna manera la relación de un utensilio con un resultado. Con esto, la tesis del Derecho como una técnica social queda referida limitadamente al conflicto de los intereses humanos, no pudiendo referirse ya a los intereses mismos, cada uno de los cuales, según decimos, tiene que ser en su diversidad lo que sea de por sí, sin requerir el acople de algo —el Derecho— que solo quedaría con alguna función enfrentando un conflicto, pero no en el caso de la ausencia de todo conflicto. Por eso Holmes era coherente sosteniendo que el Derecho requería la presencia del mal hombre *(The Path of the Law)* y Frank también lo era afirmando sin titubeos que no hay un conocimiento acerca de los derechos subjetivos de alguien, hasta que él no haya litigado y el tribunal sentenciado (*Courts on Trial*, cap. II) . Es decir, que aún sin discutir los títulos del sociologismo ecléctico en el área perinormativa —cosa muy tentadora porque la controversia estaría centrada para esclarecer si el temor a la sanción es eficiente como causa para provocar la conducta opuesta al entuerto—, su insuficiencia ontológica queda al descubierto con solo destacar que en el área originaria e inmensa del Derecho vivido en pacífica convivencia, no cabe explicitar el conflicto, que sería la base de sustentación sistemática con que esta posición ha venido a quedar definida. En cambio, la gente, en esa área, también proyecta jurídicamente su vida; e incluso a veces la proyecta sobre la exigencia de una complementación necesaria, cosa que de por sí excluye no solo el conflicto de intereses, sino que también su oposición (v. g., el matrimonio en cuanto tal donde cada sexo llama al otro para integrarse; la fundación de una institución como Hauriou lo ha mostrado acabadamente, etc.).

Por otra parte, no todo conflicto de intereses humanos se califica suficientemente para darnos la base ontológica que el sociologismo pretende. Por eso Pound recurre a la distinción entre intereses individuales, sociales y gubernamentales *(A Survey of Social Interests).* Los primeros, que serían los originarios, se sustentan en la vida personal de quien los pretende, justificándose por ella. Los segundos, que constituyen el *orden público* en sentido lato, se sustentan en la vida de un grupo social y se justifican por la dimensión colectiva que adquieren los intereses individuales en razón de su transposición al plano social. Los terceros se sustentan en el aparato técnico de la conducción social, justificándose por la responsabilidad del Gobierno estatal. La base ontológica del Derecho se radicaría en el segundo grupo de intereses; no habría protección jurídica si no estuviera en juego un interés social.

Sin embargo, la tripartición es ideológicamente sospechosa y la radicación jurídica ontológicamente objetable.

En efecto: Por un lado, la tripartición corresponde a la contraposición entre individuo, sociedad y Estado que la filosofía inglesa del siglo XIX defendió con un énfasis específico, en el momento en que la burguesía la necesitó para poder articular su mando económico sin sumisión al poder político. Y por otro, no parece que los intereses sociales sean una mera transposición de los intereses individuales a una dimensión colectiva como mero aumento de la cantidad de miembros, porque la conducta individual se define por su omisibilidad y la jurídica por su impedibilidad; con lo cual, una de dos: Si en aquel contexto hay una equivalencia intuitiva entre lo social y lo jurídico, no se trataría de ninguna transposición de intereses individuales, sino del plus de la impedibilidad y de su aprehensión directa. Y si en la tesis de Pound no hay una equivalencia intuitiva entre lo social y lo jurídico, entonces su radicación del Derecho en el horizonte de los intereses sociales está sustentándose en un discurso y nada más.

Como una ideología penetra en la ciencia del Derecho a través del vacío ontológico que esta, como teoría, tuviere —la ideología científica está condicionada, pero no causada, por la frustración ontológica de la teoría—; y como ya el jurista estaba poseído por una auténtica intención científica, se hizo necesaria la aparición de una ideología filosófica —en rigor, filosófico-jurídica— que ocupara aquel vacío para hacer compatible esta intención científica con las ideologías dogmáticas que el jurista técnico hubiere abrazado (por ejemplo, la repulsa de la teoría de la imprevisión, la irresponsabilidad criminal de las personas colectivas, etc.). Esta ideología jusfilosófica gira siempre en torno al deseo de automatizar la tarea judicial en salvaguarda de la calculabilidad jurídica de los negocios y aparece como exigencia de neutralidad axiológica dirigida al jurista (juez o tratadista) cuando está en el manipuleo de sus datos. Solo que, en el siglo XIX, mientras el capitalismo se consolida sin rivales en el poder estatal, aquella exigencia de neutralidad axiológica se presentó como una única actitud negativa, a saber: abstenerse de apreciar la justicia de las normas. En cambio, en el siglo XX, cuando el capitalismo ha pasado a la defensiva bajo el empuje de las reivindicaciones socialistas y con la apetencia científica de los juristas fuertemente incrementada, aquella exigencia aparece en forma positiva, como diversas actitudes que el jurista tendría a mano para elegir según criterios objetivos y con el compromiso técnico de una investigación en sentido riguroso.

Sin embargo, cabe el escamoteo ideológico en ambos casos. En el primero es obvio, pues la actitud única de no juzgar acerca de la justicia de la norma no era una recomendación sino una prohibición normativa, lo cual significaba que al jurista se le negaba autoridad para emitir semejante juicio. En ello, el propio jurista quedaba atrapado por su teoría de la imperatividad de la ley o por la de la intangibilidad del precedente o por la de la finalidad de las reglas del Derecho. De cualquier manera, al jurista se lo ligaba con un juicio de valor impuesto y su pretendida neutralidad axiológica no consistía en prescindir de él, sino en asumirlo por obligación. Por lo tanto y al final de cuentas, en asumirlo.

El escamoteo ideológico frente a una pluralidad de actitudes para elegir, se dará mediante el truco de justificar axiológicamente y con indiferencia, cualquier solución, como si una doctrina pudiera contener dos soluciones adversativas ambas igualmente justificadas. Ya hemos hecho una ligera referencia a la doctrina kelseniana, que suministra un ejemplo de esto en gran escala. Pero pronto veremos la cuestión más detenidamente, refiriéndonos a la doctrina de los intereses sociales de Roscoe Pound y en general a las doctrinas que se tipifican como tridimensional islas. Se apreciará entonces que la aceptación axiológica de cualquier solución, no significa en rigor una neutralidad axiológica, sino un escapismo y una renuncia.

La ideología filosófica de la neutralidad axiológica del jurista invoca el ejemplo del investigador de la Naturaleza, que va hacia sus datos desligado de todo juicio de valor. Pero la invocación olvida, para enmascarar su propósito, que no se trata de una actitud por sí misma recomendable que este investigador toma. La neutralidad de este no se radica en esa actitud por ella misma; por el contrario, corresponde destacar que, en la Naturaleza, el propio dato es neutro, es decir, carente de juicios de valor, por lo cual el verdadero significado de aquella neutralidad axiológica del naturalista consiste en adaptarse a su dato, en serle fiel, en respetarlo tal como es. Este científico tiene un solo frente ideológico para luchar; y está luchando precisamente en ese único frente, al impedir que los juicios de valor le desfiguren su dato.

Pero el jurista (juez o tratadista), no puede ser neutral de este modo en una experiencia que él misino contribuye a crear y cuyos datos son, ellos mismos, axiológicos. Ambas cosas tornan improcedente aquella invocación. La verdadera neutralidad del jurista consiste en tomar partido por el valor que hubiere en su experiencia; la suya no es la aparente neutralidad de quien se lava las manos, sino la riesgosa neutralidad de quien está comprometido a no deformar lo mejor que encontrare en su experiencia. El jurista lucha contra dos frentes ideológicos: por un lado, el que viene renunciando a todo juicio de valor; por el otro, el que viene con un juicio de valor preconstituido. De ambas maneras se operaría una deformación ideológica de lo que el dato como justicia en sí mismo contuviere. El jurista no ha de inventar la justicia, pero tampoco ha de renunciar a ella. Tiene que encontrarla. Y en ello está su riesgo de deformarla.

A diferencia de todas las precedentes, la teoría egológica defiende con éxito su pretensión ontológica haciendo notar que, por simple explicitación, cualquier figura jurídica muestra en su base el hecho de la conducta en interferencia intersubjetiva. Así está garantizada una aprehensión directa como fenomenología y una omnitud *a-priori* como esencia. Si "la ontología solo es posible como fenomenología", según la exacta prevención de Heidegger *(El ser y el tiempo,* 7, C), entonces la teoría egológica del Derecho tiene firmemente ganada esta posibilidad. En tal sentido, como ciencia eidética, la teoría egológica estaría superando toda ideología en el sentido marxista del vocablo, pues la proyección ideológica encuentra su posibilidad precisamente en la frustración ontológica. La teoría egológica aparece entonces, en la historia de las ideas jurídicas, como la apertura hacia una ciencia cultural rigurosa en el dominio de la experiencia jurídica.

Si la ontología jurídica solo es posible como fenomenología jurídica, entonces es irrecusable recurrir a la intuición de un dato cuyo ser, siempre el mismo, ha de estar presente por doquier en esa experiencia, dando cuenta de su existencia como unidad y dando cuenta de esta unidad como esencia. Esta esencia no solo asegura un supremo principio regional, sino que también admite sucesivas especificaciones con ella congruentes —cosa posible en toda esencia material—, que tornan inteligibles las modalidades con que se presentan los fenómenos y el orden jerárquico de estas modalidades.

Se comprende entonces que una teoría jurídica no constituye una respuesta ontológica, por el mero hecho de recurrir empíricamente a calidades de su experiencia y aglutinarlas metódicamente como *dimensiones* de la misma, para definirse como teoría. Por eso la teoría tridimensional del ilustre Miguel Reale no nos dice qué es el Derecho cuando se satisface con decirnos que el Derecho es a la vez hecho, norma y valor. Aquí el verbo ser nos habla de atributos, pero no de una esencia. Tampoco sabemos qué es el alfabeto si solo se nos dice que tiene 28 letras, ni sabemos qué es el espacio cuando solo se nos advierte que tiene tres dimensiones (anchura, altura y profundidad).

La teoría tridimensional de Reale corresponde a una descripción empírica, pero no a una descripción fenomenológica; es decir, que se atiene a lo dado como fenómeno en la experiencia, pero no al ser que también está dado como experiencia en el fenómeno. Para la adquisición empírica se trata del fenómeno como una aparición; para la adquisición fenomenológica se trata del fenómeno como un consistir, pues en lo dado para la sensibilidad, también viene dado un consistir para el intelecto. Solo esto último permitirá explicar que sean tres —y no dos ni cuatro—, las dimensiones jurídicas a que Reale se remite en forma empírica. Y esta misma deficiencia fenomenológica nos explica que, también con coherencia, quepan otras respuestas "tridimensionales", por ejemplo, la tesis destructiva de Eduardo García Máynez[3] —según ella no existiría la unidad tridimensional, pues el hecho, la norma y el valor son tres objetos diferentes; los reunimos como tres dimensiones *del* Derecho bajo el engaño de una homonimia a que la palabra nos induce—; o la tesis evasiva de Luis Recaséns Siches que al Derecho lo desintegra de la duración y al ser humano lo erradica del Derecho[4]; o la tesis integralista de Jerome Hall, la que si bien es cierto que reconoce su deficiencia ontológica[5], se remite, no obstante, al hecho, el valor y la norma reclamando su aglutinación como facetas del Derecho, pero sin aclarar mediante qué expediente vendría a quedar satisfecho este reclamo, cubierto solo por su definición *ad hominen* del Derecho.

3 EDUARDO GARCIA MAYNEZ, *La definición del Derecho, (México,* 1948, ed. Stylo). Mi crítica a la solución construccionista del eminente jusfilósofo mexicano está contenida en mi trabajo *Ciencia del Derecho y Sociología jurídica,* 1980, reimpreso en 1959 y 1960.

4 Mi crítica a la tesis antifenomenológica de este destacado autor corre en mi *Teoría de la Verdad jurídica,* cap. II, N.° 4, 1952.

5 JEROME HALL, *Integrative Jurisprudence:* "Y en verdad, al tiempo de escribirse este ensayo, una ontología que sea adecuada desde el punto de vista integralista, está todavía por descubrirse" (ver el volumen Interpretations of Modern Legal Philosophy, ensayos en honor de Roscoe Pound, 1947, New York. p. 323).

Esta afirmación del distinguido jusfilósofo norteamericano solo acusa su desconocimiento de la teoría egológica riel Derecho, explicable a su vez por el desconocimiento del idioma castellano que tienen los estudiosos de habla inglesa. La verdad es que desde 1941, la teoría egológica está marchando en firme por toda el habla española. No procede referirme, claro está, a mi temprano ensayo *La Religiosidad* (publicado en la revista Nosotros, en 1927), donde por primera vez sostuve que el Derecho era conducta, lo mismo que la técnica, la moral, la religión, la política y el decoro, todo lo cual me llevó a anunciar como libro una *teoría de la conduela.* La obra fue abandonada después de estar escrito su capítulo IV, porque aquella idea cada vez más quedaba en jaque bajo la presión de mi formación universitaria racionalista y de la creciente integración ulterior de mi información jurídica, hasta que el conocimiento de Kelsen me llamó a conciencia, obligado a aceptarlo por su exactitud y a la vez a rechazarlo por su divorcio de la realidad. Ambas cosas, exactitud y divorcio, como paradoja por estar llevadas a un grado extremo. El retorno a mi primera idea fue lentamente la concepción egológica que se hizo nítida de golpe en 1941. Entre tanto la filosofía de Heidegger había tornado innecesaria mi teoría de la conducta, en magnífica forma. Pero de mi ensayo sobre *La Religiosidad* me quedó la satisfacción de que le prestara atención el maestro don Alejandro Korn, en la epístola recogida en el t. II de sus Obras. Edición oficial de 1939.

## CAPÍTULO VI

# ESCOLIO SOBRE LA TEORÍA DE MIGUEL REALE

Conviene cerrar estas reflexiones con un paralelo más detallado entre la teoría jurídica tridimensional del maestro brasilero y la teoría egológica del Derecho, en lo que concierne al contenido ontológico de la segunda, de que carece la primera. La manera cómo la teoría tridimensional suple su deficiencia ontológica, nos da el mejor hilo conductor; pues si las dimensiones del Derecho son tres y ellas son la última grada material del descenso tridimensional en su búsqueda de fundamentos, es forzoso que esas dimensiones se unifiquen de alguna manera, si es que ellas van a responder a la misión de definir y delimitar un campo —y no más que uno— por su identidad.

Reale nos habla aquí de una unificación dialéctica del hecho, la norma y el valor. No se trata, por cierto, del conocimiento empírico-dialéctico a que se refiere la teoría egológica para explicar el conocimiento por comprensión de los objetos culturales como un movimiento gnoseológicamente circular que pasa sucesivamente de un substrato material a un sentido espiritual, de aquí otra vez al substrato, luego otra vez al sentido y así siempre. La unidad dialéctica de que habla Reale no es gnoseológica; es fenoménica; pertenece a la experiencia jurídica y ligaría objetivamente lo que esa experiencia presenta como "dimensiones" o substantividad, o lo que es lo mismo, como *factores,* según nuestro autor también los denomina. La dialéctica de Reale es hegeliana.

Es sin importancia para nuestro tema que Reale caracterice la dialéctica de Hegel como una dialéctica de la negación; y la de él como una dialéctica de la integración. Lo decisivo está en que esta dialéctica, como la de Hegel, tiene la pretensión de pertenecer a la realidad; y de que, también como la de Hegel, tiene preconstituida una estructura rígida y definitiva que la torna mecánica como movimiento —estructura que según Reale siempre sería una polaridad entre hecho y valor mediatizada por una norma como expresión de la tensión de aquéllos—[1].

Pero en Hegel la dialéctica significa la tentativa de conceptualizar el movimiento y el cambio. Y en la medida en que él osa radicar en la Idea la verdadera realidad —sobre la base de su famoso ucase filosófico: "lo que es racional es real y lo que es real es racional"[2]—, ya no se le puede reprochar que el movimiento de su dialéctica, como movimiento de la razón, se base en el principio de contradicción y resulte rígido y mecánico.

Sin embargo, como no se filosofa con ucases, como carece de evidencia y fundamento la identidad hegeliana entre lo real y lo racional, no es defendible ninguna dialéctica de la realidad racionalmente preconstituida como estructura, que torne mecánica la relación entre hecho, norma y valor, como pretende la teoría tridimensional, sin legitimarse con alguna confirmación intuitiva. Pues, en efecto, si la realidad correspondiera a la tesis tridimensional, si su dialéctica de la polaridad e integración entre el hecho, la norma y el valor perteneciera en rigor a la experiencia como un mecanismo de la realidad misma, si de todo ello estuviera eliminada de verdad la conducta y no fuera la persona actuante la razón de ser de la polaridad e integración que se atribuyen a las tres "dimensiones" de por sí; en una palabra, si la tesis tridimensional fuera ontológica a su vez, entonces se está significando que, con prescindencia total de la vida humana, el hecho tiende al valor y el valor tiende al hecho intermediados por la norma, tanto como el oxígeno y el hidrógeno se combinan naturalmente para producir el agua, sin requerir, claro está, de la vida humana. Pero ninguna evidencia acompaña a esta pretendida tensión entre un hecho y un valor por fuera de la vida humana, ni se percibe que la norma exprese otra cosa que la conducta proyectada y lo que a ella le sea inmanente. Por el contrario, la intuición acredita con toda certeza que esa *interpenetración* de un hecho, una norma y un valor, que el profesor Reale presenta como una dialéctica substante, se

---

1 MIGUEL REALE, *Filosofia do Diretto,* p. 343 y 634, São Paulo, 1962.

2 HEGEL, *Filosofía del Derecho,* Prefacio; y *Enciclopedia,* N.° 6.

constituye como un fenómeno de conducta porque la conducta como fenómeno es, precisamente, semejante cosa[3].

Es tan patente esta evidencia que el profesor Reale llega incluso a reconocerla, a pesar de todo su empeño por dejar a la conducta por afuera de su concepción tridimensionalista, cuando escribe: "En suma, la conducta no debe pensarse como una especie de morada que alberga tres personajes, pues la conducta o es la implicación de aquellos tres factores, o no es nada, confundiéndose con cualquier forma de actividad psicofísica indiferenciada[4]. La frase contiene, visiblemente, tanta egología como tridimensionalismo. Para ser fiel a esto último, la *implicación* de que allí se habla tendría que ser la mera y desnuda implicación funcional de aquellos tres factores, sin ningún elemento sustantivo diverso de estos factores; es decir, la implicación significaría disolver la sustantividad egológica de la conducta en la unidad relacional de un proceso. Claro que esto estará desmentido por la intuición sustantiva del *ego* y del *alter ego*, que frustran toda teoría propiamente tridimensionalista de la personalidad jurídica de la persona, pues dígase lo que se dijere, la conducta tiene en el sujeto actuante una sustantividad que ninguna dialéctica puede absorber ni disolver. Por eso hay un atropello ontológico en la tesis de Kelsen que habla de personificación para no hablar de persona, como lo hubo en la de Mach al afirmar que el yo era un haz de sensaciones.

Entre tanto, la teoría tridimensional ¿qué hace con la conducta? ¿La disuelve en su dialéctica o prescinde de ella como si la dialéctica fuera autosuficiente y pudiera dejarla de lado?

---

3 Desde muy temprana hora, contra los racionalistas que presentaban el Derecho como *la regulación* de la conducta, la teoría egológica les señalaba polémicamente que era *conducta regulada* porque "la conducta sin sus Formas óntico-ontológicas no solo no puede existir, sino que es algo absolutamente impensable". (Cossio. *La Coordinación de las normas jurídicas y el problema de la Causa en el Derecho,* cap. 21, en rev. La Ley, vol. 47. Buenos Aires 1947).

4 Miguel Reale. *Filosofía do Direito,* ed. cit., p. 632. Y en la pág. 634 vuelve a concederse una posición sustantiva a la conducta, al decir: "La tridimensionalidad de la conducta ética se especifica, pues, como tridimensionalidad de la conducta jurídica, lo que excluya la posibilidad de que el Derecho se reduzca a un ordenamiento lógico-formal". La frase evoca la idea de que el hecho, la norma v el valor son dimensiones de la conducta, como la anchura, la altura y la profundidad son dimensiones del espacio. La frase hace referencia a una conducta jurídica con su tridimensionalidad; lo que no es lo mismo que referirse a una conducta jurídica como mera tridimensionalidad.

Pareciera que oscila entre ambas actitudes. En efecto, se pronuncia por lo primero precisamente en el párrafo que precede al que estamos comentando: "La unidad del Derecho es una unidad de *processiti,* esencialmente dialéctica e histórica, y no apenas una peculiar aglutinación de factores en la conducta humana, como si esta pudiese ser conducta *jurídica* con abstracción de aquellos tres elementos (hecho, valor y norma), que son lo que la tornan pensable como conducta y, más todavía, como conducta jurídica"[5]. No es plena la compatibilidad de esta frase (puramente tridimensionalista), con la que se ha transcripto más arriba (ambiguamente egológica), mientras la misma combinación no disuelva la sustantividad egológica de la persona, como hemos anotado, por cuanto la conducta es forzosamente personal.

Y el intento inequívoco de hacer autosuficiente a la teoría tridimensional del Derecho, desligándola de todo contenido de fundamentación por la conducta, está expresado de esta manera por el maestro brasilero[6]. "Es claro que la especulación filosófica pone un problema previo (previo, claro está, a las tres dimensiones de valor, hecho y norma que en el mismo ensayo se analizan), referente a la consistencia de la realidad jurídica y a su correlativa determinación conceptual, lo que corresponde, en la doctrina de Carlos Cossio, a una Ontología Jurídica y que, a mi modo de ver, debe denominarse mejor Ontognoseología Jurídica". También aquí resulta contradictorio hablar de una Ontología jurídica con el carácter de un problema filosóficamente *previo* y desplegar la especulación tridimensional con una pretensión teórica de autosuficiencia.

Y bien; todos los reajustes precedentes nos permiten retornar al punto de partida cuando señalábamos que la dialéctica de Reale, igual que la de Hegel, tiene la pretensión de pertenecer a la realidad como un movimiento, preconstituido para ella en lo que concierne a su forma. Con todo, si se insiste en llamar dialéctica a la conceptuación del cambio y el movimiento de la vida histórica y de la vida humana, ha de recordarse que la filosofía existencial enseña, fenomenológicamente, que esos cambios consisten en pasar de una situación vital a otra

5 MIGUEL REALE, *Filosofia do Direito,* ed. cit., p. 631.

6 MIGUEL REALE, *Dos planos e âmbitos do conhecimento do Direito,* en Revista Brasileira de Filosofia, vol. VI, p. 505, São Paulo, 1956.

situación vital; y que estos cambios no tienen preconstituida ninguna estructura rígida y definitiva que los torne mecánicos como movimiento, en razón de que en ellos la libertad actualiza sus posibilidades y la actualización consiste en la superación de un obstáculo. La vida, decía Bergson[7], "permanece inventiva hasta cuando se adapta"; "la armonía de ella estaría más vale hacia atrás que hacia adelante". Una experiencia de libertad no admite para su movimiento, ninguna forma preconstituida que lo mecanizaría, como es el caso de la dialéctica de polaridad e integración de la teoría tridimensional, que se revela como una construcción, pero no como una descripción. La dialéctica de la realidad —sigamos usando este lenguaje en homenaje a Hegel y también en homenaje a Marx que fue quien lo radicó donde correspondía—, o para ser más exacto, la dialéctica de la conducta humana, que es la única realidad dialéctica[8], admite que su propio movimiento sea señalado con anticipación siempre que esta anticipación sea vivida como proyecto; es decir, que admite una anticipación como vida ella misma, desde adentro de la conducta; pero no admite que su movimiento sea anticipado desde afuera por un esquema inerte que, en el caso menos presuntuoso, todavía estaría imponiéndole una forma invariable como cauce también real de la mixtura.

Toda dialéctica de filiación hegeliana une sus partes integrantes con esa rigidez propia de una dialéctica de las ideas; y en la medida en que es falsa la identidad hegeliana de lo racional y lo real, ninguna dialéctica hegeliana puede convalidarse como dialéctica de la realidad histórica, de la cual aquella rigidez y esta racionalidad siempre la divorciarán. Por eso está muerta la filosofía de Hegel como dialéctica de la conducta, por más que el ilustre maestro brasilero exprese con cautela su opinión en sentido contrario[9].

En este punto llama mucho la atención que la teoría tridimensional del Derecho no haya recogido la lección que significa,

---

7 BERGSON, *L'Evolution créatrice,* (París, 1921, Alcan), págs. 112 y 55. Ha de tenerse presente que para la filosofía de este egregio autor, "la vida es en verdad de naturaleza psicológica" (p. 279).

8 SARTRE, *Critique de la Raison dialectique.*

9 MIGUEL REALE, *Filosofía do Direito,* ed. cit., p. 100: "Mucha gente afirma que el idealismo hegeliano es una cosa muerta. Encontramos, sin embargo, que se trata de una filosofía de actualidad irrecusable, pues son con todo temas de la filosofía de Hegel los que agitan a los dos mundos; el oriental y el occidental".

dentro del hegelismo, el replanteamiento de este problema, tan radical como original, que efectúa Marx cuando afronta la tarea de poner patas arriba la dialéctica de su lejano maestro. Marx no se desprende, claro está, del lenguaje hegeliano, no solo porque lo asimiló en su personal formación filosófica, sino porque era el lenguaje filosófico vigente en su mundo alemán y le era forzoso emplearlo para hacerse entender. Nadie desconoce que habla —e incluso a veces se perturba por ello— de dialéctica, tesis, antítesis, síntesis, contradicción, negación, negación de la negación, etc. Pero la verdad es que la filosofía de Marx recién hoy comienza a ser conocida con autenticidad[10] y por eso su fraseología ya no es causa de equivocación para nadie; por ejemplo, un conflicto social puede ser calificado como contradicción, pero es obvio que esto no tiene absolutamente nada que ver con una contradicción lógica[11]. Lo decisivo está en dos cosas: Por un lado, Marx invierte del lodo la dialéctica hegeliana, al poner la vida económica en el papel dialéctico que Hegel asignaba a la Idea; con lo cual la dialéctica marxista se define inequívocamente como una dialéctica de la realidad contrapuesta a la dialéctica del espíritu (cosa que, con el lenguaje de su época, tenía que denominarse una dialéctica materialista contrapuesta a la dialéctica idealista). Y por otro lado, el carácter rigurosamente existencial que esta "dialéctica", como filosofía de la situación, le reconoce al ser humano arrojado en un mundo; con lo cual, a pesar de la hostilidad de ese mundo, no se le impide al hombre ser el creador de su vida social y de la historia universal con plena responsabilidad metafísica[12].

---

10 Me refiero a sus *Manuscritos económico-filosóficos* conocidos con la sigla de MEGA y a La *Ideología alemana* —su libro filosófico más importante— que se editaron por primera vez en 1932, completos, en Alemania y de los que solo había una versión rusa muy fragmentaria de 1927. También es muy importante la extensa Introducción a la *Crítica de la Economía Política,* que estuvo inédita hasta 1903, fecha en que Kautsky la publicó en alemán. La traducción inglesa de lo primero es de 1959 y la castellana de 1962; de lo segundo, 1939 y 1958. De lo último hay una traducción francesa de 1928, debida a la nieta de Marx.

11 Ver COSSIO, *Ideología* y *Derecho,* cap. II, anticipado en revista La Ley, t. 101, Buenos Aires, 1960.

12 Conviene subrayar la total responsabilidad metafísica que le asigna al hombre la auténtica interpretación marxista. Después de la publicación de los *Manuscritos económico-filosóficos* y en especial de *La Ideología alemana,* nadie que esté informado puede tener duda. La desvirtuación periodística impulsada por la lucha política está padeciendo ahora su propio efecto contraproducente en la nueva generación. Entre la ya numerosa literatura sobre el punto, concordando todos con unanimidad, pueden consultarse los dos libros del sacerdote agustino Remy C. Kwant, *Philosophy of Labor y Encounter* (1960); el de Erich Fromm, *Marx y* su concepto *del hombre* (1961); el muy notable de Robert Tucker, *Philosophy and*

Estos dos rasgos, que contienen la más profunda fuerza filosófica de la filosofía social de Marx, ponen la dialéctica marxista, con increíble actualidad, en el campo de la dialéctica existencial. Ellos dinamitaron la dialéctica de Hegel en forma tal que en el porvenir la dialéctica habría de sobrevivir como marxismo y no como hegelianismo. A pesar de esto, no hay sensibilidad para ninguno de aquellos dos rasgos en la teoría tridimensional del Derecho; para ella, la ortodoxia es Hegel y la herejía es Marx.

En resumen: Para la teoría egológica, el movimiento que hubiere en el Derecho es vida, aunque se lo llame dialéctica; para la teoría tridimensional, por el contrario, ese movimiento es, en primer término, una dialéctica a la cual la vida queda sometida. La teoría egológica es, fenomenológicamente, una descripción, en tanto que la teoría tridimensional es una construcción. La descripción egológica puede ser acertada o desacertada; pero por ser descripción, su proyección siempre es la ontología. En cambio, por perfecta que sea la construcción tridimensional, su proyección, por ser construcción, solo puede ser la ideología.

*Myth in Karl Mark* (1961); y el tan difundido del sacerdote jesuita Jean-Yves Calvez, *La pensée de Karl Marx,* (1956), que en la Argentina ha inspirado el ensayo de otro sacerdote jesuita, Joaquín Adúriz, *Hombre, Marxismo y Cristianismo* (1961). Y no puedo olvidar el extraordinario libro de Sidney Hook, *Towards the understanding of Karl Marx,* (1933) subtitulado *A Revolutionary Interpretation,* que defendió esa interpretación existencial de Marx que hoy puede pasar a primer plano, antes de que fuera atendible hablar de existencialismo.

## CAPÍTULO VII

## CONSECUENCIAS TÉCNICAS

La teoría egológica comporta consecuencias considerables para la técnica jurídica. No podía ser de otra manera dada la magnitud efectiva de su innovación teorética. Los juristas están habituados a señalarse grandes discrepancias teóricas que carecen de consecuencias prácticas; viven separados por las doctrinas y unidos en la práctica, aunque sin entender esta paradoja cuya naturaleza ideológica es patente en la medida en que cada uno solo está defendiendo a su manera un mismo *statu quo.* La teoría egológica llega con la teoría hasta la práctica misma y, por ello, desata una discordia práctica también.

Pueden señalarse tres grupos de consecuencias prácticas:

I. *Conceptuación.* — La estructura disyuntiva de la norma jurídica completa (endonorma y perinorma), integrada por 10 conceptos necesarios, le permite al jurista, mediante un simple proceso lógico de desformalización, tener el planteo conceptual de su problema concreto con absoluta claridad y precisión. Ninguna metodología jurídica conocida le hace al jurista (tratadista, juez o abogado) tan preciso y claro el tema que le preocupe, como esta desformalización egológica. Esta desformalización presenta una doble virtud: contiene la garantía de que ningún aspecto referente a la solución de un problema, puede ser pasado por alto; y asegura con toda exactitud la comunicación de ese problema a los demás.

Un modelo en la realización de una tarea de esta especie puede verse en el libro del profesor Federico D. Quinteros, *La petición de herencia,* hoy consagrada como clásica en el derecho civil argentino.

II. *Sistematización.* — No se trata de la presentación sistemática de los problemas de la Jurisprudencia General, pues cualquier construcción comporta también su paralela sistematización. Lo que aquí interesa hacer presente es cómo la sistematización egológica de los problemas generales, conduce a modificar la sistematización académica de las ciencias jurídicas particulares, en razón de la cancelación de muchas cuestiones disipadas como pseudoproblemas y por eso mismo discutibles sin término en caso contrario; o al revés, en razón del encuentro de fundamentos para los cuales la ciencia dominante está forzosamente desprovista de visión.

Como preclaros ejemplos, entre numerosos otros, este es el alcance con que aquí se pueden recordar la investigación de Mario Alberto Copello sobre *La Sanción y el Premio en el Derecho,* la de Juan Francisco Linares sobre *El poder discrecional administrativo,* las de Esteban Ymaz sobre *La cosa juzgada* y *La sentencia constitutiva,* las de las *Glosas judiciales* de Lino E. Palacio destacando la axiología procesal de importantes sentencias, la de Vernengo-Landaburu sobre las excusas absolutorias, en el libro del primero *La retractación como eximente de pena en el derecho penal argentino* que prologa el segundo y, como el modelo de realización más sorprendente, la de Werner Goldschmidt sobre el reenvío en su *Sistema y Filosofía del Derecho Internacional Privado,* todo él revolucionario en el mismo sentido. También pueden computarse dentro de este alcance, mis ensayos sobre *El principio "Nulla poena sine lege" en la axiología egológica* (1947), *La coordinación de las normas jurídicas y el problema de la causa en el Derecho* (1947-1948) y *La teoría de la Imprevisión* (1960) e incluso *El derecho de licitación del art. 3467 del código civil* (1961).

Los ensayos jusfilosóficos quedan excluidos de la presente referencia, según ya hemos apuntado, porque ellos solo trascienden con relación a ellos mismos en el sentido instrumental con que la filosofía fenomenológica trasciende hacia la ciencia. Estos ensayos hacen cuerpo con las cinco tesis precedentes y hay contribuciones sumamente valiosas debidas a Enrique R. Aftalión, Abel Arístegui, Lorenzo Carnelli, Genaro R. Carrió, Mario Alberto Copello, Julio Cueto Rúa, Carlos Da Cunha, Carlos Fernández Sessarego, Julio Gottheil, Alfonso Ibáñez de Aldecoa, Laureano Landaburu, Antonio Luiz Machado Neto, Luis E. Nieto Arteta, Eduardo Ponssa, Fausto E. Rodríguez G., Eduardo Sabino, José Vilanova, Alberto Villalba Welsh y Esteban Ymaz.

III. *Interpretación.* – Las consecuencias técnicas de la teoría egológica en el campo de la interpretación jurídica son, con todo, las más importantes porque la oportunidad de interpretar se le presenta, irremediablemente, a todo tratadista, a todo juez, a todo abogado, con motivo de cualquier asunto que comprometa su responsabilidad profesional.

Sobre la base de que no se interpreta jurídicamente la ley en cuanto lenguaje, sino siempre la conducta humana mediante la ley o a través de la ley; y sobre la base de que toda interpretación, como conocimiento por comprensión, se constituye en forma empírico-dialéctica ligando un substrato material y un sentido espiritual en un proceso circular que va de lo primero a lo segundo y luego de lo segundo a lo primero, y así indefinidamente, hasta comprender el substrato por su sentido y a la vez el sentido en su substrato; sobre estas bases, toca recordar ahora que la mención de la conducta contenida en la norma, por serlo de una conducta, no es la mención de un ente como cosa rígida, sino que siempre es la mención de una posibilidad real porque la conducta como hecho es precisamente la posibilidad de posibilidades.

Hay, así, en apariencia, una irremediable disparidad entre la rigidez ideal de la mención normativa —rigidez inherente a todo concepto— y la indeterminación del propio objeto mentado, que algo es, pero no más que una posibilidad real, porque él existe así: como posibilidad de posibilidades.

Pero todo esto quiere decir necesariamente dos cosas de superlativo interés:

Por un lado, que la mención normativa se colma cuando cuenta con una conducta solo realmente posible como correspondencia efectiva de la experiencia, pues la conducta siempre es eso: conducta posible, posibilidades reales de conducta y una elección entre ellas que la abre de nuevo a nuevas posibilidades reales de conducta. La norma jurídica, pues, no se colma propiamente con esta posibilidad elegida con la que la experiencia pasará hacia el pasado; ella se colma previamente, en su referencia al ser, con el hecho efectivo de todas las posibilidades reales que a la conducta le dan su ser como algo presente, comprendida en ellas, claro está, la posibilidad elegida; esto sin perjuicio de la efectuación que esta posibilidad otorgue a los modos de ser de la mención normativa.

Por otro lado, que si bien la elección de una cualquiera de estas posibilidades contenidas en el hecho efectivo del ser de la conducta dada, llena *lógicamente* la mención normativa igual que si la elección hubiera recaído en otra de aquellas posibilidades, esto no significa que la llene *axiológicamente* también con igualdad en la comparación. Por el contrario, la pluralidad de efectuaciones abre la posibilidad de que algunas sean mejores que otras y de que alguna sea la mejor entre todas.

Al propio tiempo —puesto que una conducta sin valor ontológicamente no puede ser—, la mención normativa, por ser mención de una conducta, reclama también una efectuación axiológica de aquello axiológico que la norma estuviere significando. La mención lógica de la norma jurídica —que tiene su verdadera efectuación cuando se colma en todos sus aspectos—, pierde su apariencia conceptual de ser la rígida mención de algo único y se presenta como la mención de todas las posibilidades en que el ser de una conducta consiste, tan pronto como se advierte la sencilla verdad de que la conducta humana es el objeto por ella mentado en función de conocimiento.

Por lo tanto, la norma aparentemente rígida y unívoca, le brinda al jurista la mención de un manojo de posibilidades; y el tratadista lo mismo que el juez tienen, en las diversas calidades axiológicas de ellas, la guía suficiente para elegir una. No son variaciones caprichosas de la conducta que puedan borrar la mención de conjunto, porque el núcleo de este conjunto, que llamamos *normalidad* y que ha de mantenerse, consiente semejantes variaciones. Se trata siempre de posibilidades reales de algo que, como normalidad, permanece idéntico en la mención normativa. Por eso Holmes habló, con tanta propiedad, de una creación solo *intersticial* por parte del juez. Por eso la teoría egológica comparó la interpretación judicial con la interpretación musical donde el ejecutante, guiado también por una percepción axiológica, elige una u otra de las posibilidades que consiente su partitura, sin afectar la creación del compositor en su conjunto. Se puede interpretar de muchas maneras la *Barcarola* de Chopin, pero esto no quiere decir que *con ella* se nos pueda hacer escuchar la *Marsellesa.* El buen juez, claro está, elegirá siempre la posibilidad axiológicamente mejor entre las varias que el propio caso le ofrezca.

Otra vez estamos en que la verdad y la justicia se conjugan dentro del conocimiento de protagonista; para el gran juez, como órgano, la verdad aparece como justicia, y como jurista, esa justicia le aparece como verdad. Por eso la egología ha podido definir la verdad jurídica como fuerza de convicción, anudando en esta noción la exigencia negativa de la Lógica de no caer en vivencia de contradicción con el concepto a que recurrimos para expresarnos, y la exigencia positiva de la Axiología de decidirnos en nuestra elección por aquello que sea más justo (Cossio, *Teoría de la Verdad jurídica*).

La teoría egológica le hace ver al juez que, cuando dicta su sentencia, no es neutral porque de hecho no puede serlo. Le hace ver también que no puede ser indiferente porque está viviendo una preferencia. La teoría egológica le desoculta al juez la naturaleza ineludible de su compromiso vital, en la sola forma que esto no se refuta, a saber: haciéndole temático lo que él vive en sus sentencias. Esto quiere decir también y muy especialmente, que no le lava las manos, sino que lo empuja a definir su destino en lo que le tocare hacer, es decir, que lo llama a vivir con autenticidad[1]. En todo esto se ve que el juez no es un Pilatos, porque tiene una causa, que es su vida, que puede traicionar.

---

1 Nada mejor que un ejemplo de gran envergadura para esclarecer todo lo que esta alusión contiene como diferencia entre la teoría egológica y las otras teorías jurídicas sin distinción, incluyendo las de mayor riqueza de matices.

Pensemos en la Teoría de la Imprevisión, que integra la figura de algunos contratos con la cláusula implícita rebus *sic stantibus por* cuya virtud estaría siempre permitida la alteración judicial de las cláusulas económicas pactadas, mediando una alteración anormal, generalizada y objetiva del mercado, si el cumplimiento de lo pactado significara de hecho la ruina del deudor.

Sabido es, por otra parte, que muchos juristas se han declarado adversarios de la teoría de la Imprevisión, algunos objetándola como teoría dogmática, otros objetando solo su incorporación a la jurisprudencia de algún orden positivo, apoyándose en argumentos normativos cuya última base siempre es la de no estar expresamente admitida por las normas vigentes. Se puede mostrar con suficiente fuerza de convicción que, en ambos casos, la oposición corresponde a una ideología capitalista (ver COSSIO, ideología y Derecho, Apéndice al cap. V). Pero prescindamos aquí de esta demostración, admitiendo la hipótesis para hacer funcionar nuestro ejemplo.

Supongamos un juez argentino a quien se le ha pedido que modifique jurisdiccionalmente un contrato de contenido económico por causa de imprevisión. La situación normativa en la Argentina tiene la ambigüedad antes señalada, pues no existe en nuestro código una admisión expresa v general de la imprevisión; ni siquiera existe una norma genérica sobre la buena fe como elemento esencial de los contratos. Solo existen numerosas normas particulares sobre la buena fe, desperdigadas con motivo de esta o de aquella figura singular. Y en contra, existe la norma del art. 1197 de nuestro código sobre la autonomía de la voluntad, declarando que las convenciones efectuadas por las partes valen para ellas como la ley misma. La base de los adversarios de la teoría de la imprevisión en la Argentina está en la "interpretación" rígida y con criterio estrechísimo de lo que este artículo dispone. La mayoría judicial y doctrinaria en contra, que todavía prevalece, no hace desaparecer el carácter justificadamente incierto del problema como doctrina dogmática, pues también son numerosos los juristas que la propugnan y sus argumentos tienen una superlativa calidad como fuerza de convicción.

Y bien; supongamos que nuestro juez, para vencer sus dudas, recurre a la teoría de los intereses sociales de Pound, incorporada por Hall en la definición del Derecho que construye para sustentar su tesis integralista. Pound, como es sabido, agrupa en seis familias los intereses sociales. Una de estas familias, que nos interesa ahora, se define por el interés social en la seguridad de las instituciones. Otra familia, que también nos interesa, se define por el interés social en la moral general. En ambas familias se puede subsumir el problema de la Imprevisión, pero con opuesto resultado: si se lo subsume en el primer grupo, se rechaza la imprevisión en homenaje a la seguridad del contrato efectuado; pero si se lo subsume en el segundo, se acepta la imprevisión frente a la situación inequitativa e incluso usuraria creada por la situación de hecho. Como ni Pound ni Hall suministran un criterio para orientar las subsunciones, la teoría de los intereses sociales no lo ayuda de verdad a nuestro juez en sus dudas. La teoría le permite ambas cosas y por eso le sirve, en rigor, para lavarse las manos. El juez resolverá sus dudas por sí mismo, por cualquier razón, inclinándose a un lado o a otro; y después, según sea la subsunción que corresponda a su decisión, encontrará en la calificación del grupo de intereses correspondientes, la apariencia de un fundamento para enmascarar su motivación real. En resumen: el juez, con el conflicto espiritual que lo compromete personalmente, queda a un lado; y la teoría integralista, totalmente descomprometida siempre, queda del otro, suponiendo que el Derecho se compagina con esta carencia de compromiso vital que a ella la sella. Pero lo que más nos interesa destacar es que el conflicto espiritual que vive el juez por las dudas que le ocasiona la aplicabilidad de la teoría dogmática de la Imprevisión, no es un conflicto con la teoría filosófica que asumió para ayudarse.

Si suponemos que nuestro juez ha recurrido a la teoría tridimensional de Reale, el resultado es muy similar. En efecto; a pesar del equilibrio teórico entre hecho, norma y valor que la dialéctica tridimensional supone, el insigne maestro brasilero nos advierte (ob. cit., p. 634) acerca de un normativismo jurídico concreto (sic.), donde "de manera relativa, sin embargo, se puede decir que para el jurista, en cuanto jurista, *el momento culminante es el normativo:* la norma jurídica, a pesar de todo, jamás será comprendida integralmente solo bajo su aspecto formal de proposición lógica (aunque pueda v deba ser estudiada, mediante abstracción, por la Lógica jurídica formal), pues ella implica, *necesaria y concomitantemente,* una referencia tensional a los datos de hecho y a las *exigencias axiológicas* que le dieron vida, así como a las concurrentes o sucesivas complicaciones fáctico-axiológicas que le alteran el significado. Esta es la razón por la cual el *normativismo jurídico,* compatible con mi concepción tridimensional del Derecho, es, téngase bien presente, un *normativismo concreto,* y no un normativismo *abstracto y formal".* De cualquier manera, la dualidad es aparente y el malabarismo del lenguaje queda en el aire, pues si nuestro juez subsume su problema de la imprevisión dejando predominar el momento normativo, que para la tarea judicial se ha dicho que es culminante, entonces la imprevisión será rechazada en homenaje a la norma contractual existente; pero, en cambio, será admitida si nuestro juez deja predominar los momentos lácticos y axiológicos que, no estando descartados, juegan lateralmente. Tampoco aquí la teoría tridimensional suministra un criterio para orientar las subsunciones. Permite ambas cosas y por eso también le sirve al juez para lavarse las manos. Todas las observaciones que nos ha provocado la tesis integralista se repiten ahora, incluso aquella final que hemos destacado de modo especial. Y todavía puede señalarse la falta de universalidad de la teoría tridimensional como normativismo concreto pensando, por una parte, en el sistema jurídico de la China clásica, de la antigua Grecia, del imperio musulmán, y por otra parte, en el sistema feudal de la Europa medioeval, en todos los cuales la norma tiene un papel tan mínimo que el momento normativo jamás puede ser el momento jurídico culminante en ellos (ver Northrop, *The Complexity of Legal and Ethical Experiences;* también Weber, *Historia Económica General).*

Pero si suponemos que nuestro juez recurre a la teoría egológica para afrontar las dudas que le ocasiona el problema de la Imprevisión en su caso, todas las observaciones precedentes se transmutan. Puesto que el propio juez integra el desarrollo jurídico del caso sometido a su juicio, el juez mismo no queda segregado de la teorización egológica que hiciere, habiéndola ya asumido como teoría jurídica. El juez, con el conflicto espiritual que lo compromete personalmente, no podrá quedar a un lado y la teoría egológica al otro, sin compromiso alguno, porque la teoría egológica viene comprometida con lo que haya, es decir, con lo que allí mejor hubiere. Ahora el juez mismo va a quedar teorizado por su propio pensamiento, si este fuere egológico. Su conflicto espiritual personalmente vivado, mientras sea conflicto, es un conflicto con su propia teoría jurídica por las correspondencias que esta tiene fiara lo primero; aquel conflicto es, ahora, también un conflicto con la teoría filosófica que asumió para ayudarse, de modo que la solución tendrá que guiarse por la verdad de la situación, estando dados esta vez por la teoría en juego, la idea y el canon de dicha verdad.

En efecto: tanto la teoría integralista como la teoría tridimensional pueden admitir la *ideología* dogmática del capitalismo adverso a la imprevisión; pero si lo pueden hacer es porque ellas mismas son, en el fondo, también *ideologías,* no dogmáticas, pero sí filosóficas. Esto se pone al descubierto en la medida en que ambas teorías tienen la pretensión de estarle diciendo al juez que las asumiere, algo útil como fundamento filosófico para encontrarle una solución al conflicto teórico que el juez está viviendo. Si ellas contuvieran una respuesta o al menos condicionaran una respuesta, aquella pretensión se hace viable. Pero ya hemos visto que no tienen respuesta ninguna, pues bajo la apariencia de contener dos respuestas —contener dos respuestas es también negar la respuesta única, claro está—, se acomodan *a-posteriori* a cualquier cosa que el juez decidiere. Son teorías judicialmente consentidoras de cualquier cosa. La verdadera respuesta única de estas teorías, es consentirlo todo so capa de neutralidad. Pero este consentimiento permanente que así se enmascara, siendo teóricamente vacío, se reduce a un apareamiento con las ideologías dogmáticas de los juristas; es decir, es la ideología filosófica que corresponde a estas ideologías dogmáticas para ornamentarlas con la apariencia de una fundamentación que les permite batallar mejor en el plano intelectual. Por lo demás, esta actitud, como ideología filosófica, es cosa muy generalizada como se podía esperar. La teoría de Kelsen asumida como doctrina del Derecho, le ha dado una amplitud sistemática casi ilimitada; y el Derecho Natural feudal-católico, con sus principios invariables adaptándose a la historia, no es menos consentidor en la práctica, salvo cuando se le cuestiona a la Iglesia su hegemonía, en que sí tiene una solución y no más que una.

La teoría egológica, claro está, no contiene una respuesta de esta especie, es decir, una respuesta que estaría preconstituida y sería, por lo tanto, ideológica. En rigor, no contiene ninguna respuesta acabada y conclusa en forma concreta, ni podría contenerla sin ponerse en la tarea de usurparle a la ciencia del jurista su papel. En cambio, condiciona decididamente una respuesta que en vez de ser ideológica tiene que ser ontológica; y que, en vez de estar preconstituida en teoría, tiene que ser extraída de la circunstancia del caso judicial por desocultación y despeje. La teoría egológica le exige al juez que emprenda este camino del despeje como cosa propia, buscando la mejor fórmula de un entendimiento societario en el caso, porque el juez mismo ha en trado en una interferencia de conducta con los litigantes o con el procesado, La teoría egológica lo está empujando al juez en este sentido, porque lo responsabiliza de lo que hace; de modo que si el juez la ha asumido para vencer sus dudas, la siente en forma análoga a como el hiten jugador de ajedrez siente en todo momento la necesidad de hacer la mejor jugada para ganar su partida como pericia y con propiedad.

Ni la teoría integralista ni la teoría tridimensional contienen la posibilidad de responsabilizar al juez por el fallo que dictare, puesto que ellas con curren a "fundamentar" ese fallo, cualquiera fuere. La teoría egológica no solo tiene esta posibilidad porque frente a la pluralidad de soluciones se hace cargo también de su desigualdad axiológica, bajo el canon de que ontológica mente tiene que haber una solución óptima; la teoría egológica se integra además con esta exigencia porque su neutralidad teórica significa una fie) correspondencia con la realidad, de modo que, si esta contiene un determinado valor de justicia, la teoría egológica está jugándose por él. Y si él estuviere oculto o encubierto, la teoría egológica se traduce en la exigencia de des encubrirlo; y como técnica, se vuelca por completo en esta tarea. Por esto hemos dicho que el juez mismo queda teorizado en la emergencia por la teoría egológica: con lo cual queremos decir que el juez queda calificado por la justicia que hiciere y responsabilizado por su sentencia, desde adentro de la propia teoría, en la medida en que para esta él está integrando el objeto del conocimiento.

En resumen: la teoría egológica, desde adentro de ella misma, por los problemas que tematiza y elabora en el dato mismo sobre base ontológica —donde la justicia es uno de ellos porque una conducta sin valor ontológicamente no puede ser—, no puede dejar de calificar al juez por la justicia que hace, diciendo, por ejemplo, que es conservador e incluso reaccionario; o que es progresista e incluso revolucionario. Y si el juez hubiere asumido además la teoría egológica para vencer sus dudas, tiene el riesgo irremediable de oír estos juicios en su propia conciencia, aunque pudieren significarle una contradicción emocional.

Es claro que la opinión pública siempre estará calificando en estas formas, las sentencias de un juez, con prescindencia del aparato teórico a que hubiere recurrido para revestirlas de fundamento. Pero otra cosa de muy extraña significación teorética es que una calificación de esta especie —por ejemplo, la que tache a un juez de reaccionario—, pueda salir desde adentro de una concepción jusfilosófica e, incluso, precisamente de aquella que hubiere sido asumida por el juez en cuestión. Lo que aquí hacemos notar ahora, correspondiendo a la idea de que el propio juez quería teorizado por la teoría egológica es que ni la teoría integralista ni la tridimensional tienen posibilidad para llegar a estas calificaciones; y que, en cambio, estas calificaciones son irremediables dentro del análisis axiológico intrínseco a la egología.

Ahora bien: A nadie se le escapa que en un mundo en movimiento y en una sociedad lábil como es esta a que ha llegado el hombre europeo en su momento ecuménico, es jurídicamente muy importante que ni los jueces ni los tratadistas sean reaccionarios. Ser reaccionario significa ponerse de espaldas al futuro y lo que cuenta para la justicia como sentido del Derecho, siempre es la mejor posibilidad de entendimiento societario entre las que el futuro estuviere trayendo. Parece autocontradictorio suponer que un gran juez podría ser reaccionario.

En forma paralela, resulta teóricamente sustancioso hacer notar —aunque es harto sugestivo que todavía no se lo haya hecho notar— que la importancia de una teoría dogmática referente a cualquier rama del Derecho positivo, está, no solo en su conceptuación (claridad de las ideas, precisión de los problemas, exactitud de los argumentos, etc.) y sistematización (armonía de los desarrollos, unidad de los mismos, plenitud de los enfoques, etc.), sino que también está —y acaso en mayor grado— en la interpretación que el autor diere como conocimiento, a las cuestiones y dificultades. ¡Pero para poder hablar de una buena interpretación jurídica, es indispensable, obviamente, que, cuando menos, el autor no sea reaccionario!

Puesto que hemos hecho toda esta digresión con motivo de la vida judicial auténtica, a esta altura ya resultan pertinentes dos preguntas en ver dad insólitas:

La ciencia ideológica del siglo XIX, de acuerdo al modelo newtoniano, quería ser neutral y por ello se empeñó a fondo para quedar al margen de toda valoración de justicia. Aparte el enmascaramiento ideológico de la justicia dada en el *statu quo*, que así se lograba; y aparte la armonía preestablecida que así se introducía entre la verdad jurídica de aquella ciencia y los intereses del capitalismo como justicia, parece patente que el juez occidental, por su inmanente razón ontológica, ha estado viviendo aquella pretensión de neutralidad como un complejo de culpa. Pues todo científico está comprometido con la verdad y no se avergüenza por este compromiso, como, en cambio, habría de avergonzar a los jueces cualquier compromiso con la justicia, según su propia ciencia les advertía.

---

¿Puede significar algo el hecho que esté silenciado por la jusfilosofía un tema tan importante como el del temple reaccionario que pudiere haber en un juez o en un tratadista? Si el temple reaccionario quisiera decir que las mejores posibilidades de uno y otro están bloqueadas por ellos misinos en virtud de un proceso de conciencia falsa que se expresa como timidez jurídica e incluso como cobardía jurídica, la respuesta sería obvia y además patética.

Ese silencio ¿sería neutralidad filosófica o ideología filosófica? Pues semejante continencia resulta una virtud sospechosa, tan pronto como se advierte que ella es apta también para consentirlo todo. Si en el fondo fuera solo una manera de resguardar el *statu quo*, la respuesta también sería obvia y además desalentadora, pues aquel silencio querría decir que se trata de un tema vedado.

Que haya temas vedados para la investigación, es cosa que no lo puede consentir la actitud filosófica. Precisamente la máxima trascendencia que el legado griego tiene para la historia del mundo consiste en haber dado a la razón humana la última palabra en el juicio que nos merecen las cosas. Con relación a nuestro tema, se puede apreciar todo el alcance que él adquiere como tema vedado, con solo suponer que un juez reaccionario significa un juez ontológicamente equivocado. Semejante temple significaría un error vital.

Precisamente tal es la tesis egológica en este punto. Ya para el lenguaje vulgar, "reaccionario" está aludiendo a una propensión para lo disvalioso en el plano axiológico. El análisis egológico de la justicia, lleva esta alusión más lejos en la misma dirección; por eso ahora se ve que, entre las múltiples calificaciones que puede merecer un juez por la justicia que hiciere, no resulta casual que esta calificación de "reaccionario" venga a resultar la más importante para una jusfilosofía que permite hablar de la justicia por su contenido concreto en cuanto que lleva a hablar de ella como un descubrimiento situacional. Pues, en efecto, si esto quiere decir que no se puede determinar su contenido antes de estar en contacto con la situación de cada cual, también quiere decir, en cambio, que se puede determinar qué la condiciona, en forma análoga —meramente análoga, claro está— a como las reglas de la Lógica condicionan negativamente lo que ha de hacerse para no errar en el discurso, sin que esto implique que ello basta por sí solo para enunciar una verdad.

Guardando la analogía, la investigación egológica de la justicia permite decir que ni un gran juez ni un gran jurista pueden ser reaccionarios. La grandeza de uno y otro, al igual que la del gran legislador o el gran estadista, está ligada a las mejores posibilidades del entendimiento societario. Y la justicia, por ser situacional, siempre es cosa por venir. Pero lo que la condiciona negativamente, es cosa de todo momento.

La conjunción egológica de verdad y justicia le devuelve a los jueces aquella tranquilidad de conciencia que en la Jurisprudencia es la fuerza interior de las vocaciones científicas. No se trata de admitir a la justicia como dama de compañía de la verdad jurídica, según es la solución ecléctica que proviene de la filosofía de los valores. Se trata de que la justicia es nuestra verdad; y esto no se ha podido decir nunca sobre base ontológica, hasta el momento en que se pone a luz la naturaleza egológica del Derecho, es decir, su ser conducta compartida.

Por eso la teoría egológica es, para un juez, el instrumento que, hoy por hoy, mejor le permite desbloquear las posibilidades de ser un gran juez, si estas posibilidades, aunque ocultas, existieran en él.

# CAPÍTULO VIII

## LA NUEVA SISTEMÁTICA JUSFILOSÓFICA

LA TEORÍA egológica del Derecho es un nuevo punto de vista analítico para investigar, para enseñar y para manejarse en el Derecho. Intentaré exponerla, con miras de vulgarización, en 18 proposiciones; las que, con excepción de la primera y de la última, agrupadas de cuatro en cuatro, apuntarán a los tópicos más salientes de la Ontología jurídica, la Lógica jurídica formal, la Lógica jurídica trascendental y la Axiología jurídica pura.

Ya está sistemática de los problemas de la Filosofía del Derecho es de cuño egológico. Por razones hoy tradicionales, la especulación de los estudiosos de esta disciplina gira, por lo común, en torno a dos problemas: el de la esencia del Derecho, que los neokantianos fletaron como el problema del concepto; y el de la Justicia pura, defendido como el problema de la idea, por aquella escuela, a la que tanto debe la instauración autónoma de nuestra disciplina.

Pero la teoría egológica no cree que pueda hacerse con provecho una filosofía sobre el Derecho a secas, como está implícito en aquel planteamiento. En efecto, siendo el Derecho, ya, objeto de estudio por las diversas ciencias jurídicas de la dogmática, la filosofía que emprendiera también la tarea de estudiarlo, se colocaría en el dilema de repetir lo que las ciencias dicen, con estéril reduplicación de esfuerzo; o de negar las conclusiones de aquéllas, sellando con esto su propia muerte.

Inútil es la tentativa de ampliar los horizontes de una especulación sobre el Derecho a secas, porque se cae de inmediato en la desvitalización de todo interés por parte del estudioso del Derecho. Pues, ¿qué sería el Derecho a secas? Una de tres: O el Derecho que rudimentariamente aprehende el hombre de la calle con su sentido común; y esto muy poco puede interesar al jurista que ya está en un plano científico. O el mismo Derecho científico del jurista en visión propedéutica o en síntesis zaguera a modo de conclusiones; y esto tampoco puede interesarle mucho porque concluye en el dilema a que más arriba nos hemos referido. O un Derecho que no sea aquél de carácter positivo que inquieta al jurista; en cuyo caso estamos frente a la merecida tragedia del Derecho Natural, radiado de la ciencia como una ideología por su falta de responsabilidad científica: hablar de la existencia sin referirse a la experiencia.

Como la teoría egológica no cree que pueda hacerse con provecho una filosofía sobre el Derecho a secas, ella desarrolla su esfuerzo en una filosofía de la Ciencia del Derecho; es decir, en una filosofía de directa utilización por el jurista en cuanto que revisa los presupuestos con que el propio jurista trabaja. En tal sentido es la Ciencia Dogmática misma la que suministra los temas de esta filosofía del Derecho. Y porque la Filosofía del Derecho se transforma en Filosofía de la Ciencia del Derecho, emerge una nueva sistemática de sus problemas que, esquemáticamente, se puede presentar del siguiente modo:

En primer lugar, está la reflexión esencial sobre el objeto que el jurista quiere conocer, para mostrar, aquí, cuál es la ciencia eidética que toda ciencia empírica tiene a su base (Ontología jurídica) . En segundo lugar, como el contrapolo de lo precedente, está el examen del estilo de pensar que ejercita el jurista cuando está en su tarea (Lógica jurídica formal) . En tercer lugar, está el ligamen de las dos instancias anteriores; es decir, no lo que el jurista conoce, ni cómo piensa, sirio cuándo conoce (Lógica jurídica trascendental) . Y, por último, ya que el dato empírico de las ciencias dogmáticas es axiológico, viene el examen del sentido puro, como puro sentido del Derecho, de esta referencia empírica a lo que debe ser (Axiología jurídica pura)[1].

Como puede apreciarse, la teoría egológica ronda en torno a las ciencias de la Dogmática que labran los juristas. Si hace ontología, por ejemplo, solo es porque el jurista está plantado

1 La teoría egológica distingue tres clases de "deber ser", cuya articulación sistemática le permite zanjar las dificultades que presenta la teoría jurídica: 1.º) El deber ser axiológico, o sea el intrínseco valor de algo por cuya virtud esa algo merece ser Derecho. A esto, que ya está advertido en Kant, se alude ahora en el texto. 2.º) El deber ser existencial, que es la libertad del ser humano en su presencia bruta o mero existir, la cual no es un desnudo "poder ser", como se verá más adelante en los parágrafos X y XIV, 3.º) El deber ser lógico, que es una simple cópula preposicional que nos permite pensar con normas, como se muestra en el parágrafo VI.

frente a algún objeto que quiere conocer. Si hace lógica formal solo es porque el jurista ejercita un estilo de pensamiento que no es el de ninguna otra ciencia conocida. Y así sucesivamente. Pero siempre es la Ciencia del Derecho —y solo ella— la que determina la preocupación de la teoría egológica; el sistema de sus problemas sale porque ronda en circunferencia en torno a la ciencia; la unidad de su sistema emerge porque es una sola la ciencia que la preocupa. Su aspiración es abrir las ventanas del recinto en que trabaja el jurista, para que este haga temáticos, por los cuatro horizontes, los presupuestos en que están apoyadas las paredes de su casa. Si el jurista quiere que su ciencia alcance una validez que ya tienen otras disciplinas científicas, no puede trabajar a oscuras acerca de lo que hace, sirviéndose solo de las manos que le proporcionan un contacto inmediato; tiene que usar también de los ojos, trabajando en perspectivas. Esto es lo que significa revisar los fundamentos de una ciencia: abrir las ventanas del recinto para ver hacia afuera y para que entre la luz.

La empresa de presentar el contenido doctrinario fundamental de la Teoría egológica en 18 proposiciones, lleva el riesgo de presentar algo falsificada la imagen que se pretende dar. Pero es un riesgo que vale la pena de correr, porque, de todas maneras, también sin ello, la falsificación se está produciendo. Hay en esto un destino inherente a toda doctrina que, al propio tiempo que remueve fundamentos, tiene el encanto suficiente como para ponerse de moda. El ejemplo de lo que se dice, con tanta ligereza, de la teoría egológica como un mero rebrote de la teoría pura del Derecho, de Hans Kelsen, es muy ilustrativo. Precisamente el segundo grupo de proposiciones que se leerá a continuación servirá, sin duda, para aclarar y saldar la deuda que la teoría egológica tiene con el fundador de la escuela vienesa, poniendo las cosas en su lugar.

# CAPÍTULO IX

## PROPOSICIONES JURÍDICAS SOBRE EL OBJETO EIDÉTICO

Hoy se admite, sin serias discrepancias, que el Derecho positivo es cultura. Si esta se define como todo lo que hace el hombre actuando según valoraciones (Rickert), aquella ubicación es inobjetable. Pero este punto de partida todavía no ha encontrado traducción en la ciencia que hacen los juristas. En rigor, la teoría egológica es el primer intento sistemático de desarrollarlo.

Cuando advertimos que un peñasco cumple la misión de separar dos heredades, ya no es solo un peñasco, sino además un mojón. Este ejemplo nos muestra, en su simplicidad y rusticidad, algo que es de la esencia de la cultura, pues todo objeto cultural consiste en la unidad de un substrato material y de un sentido espiritual. Siempre hemos de toparnos con la exteriorización material de un sentido espiritual al que hay que llegar interpretando ese substrato externo. Y así comprendemos el substrato por su sentido y comprendemos el sentido en su substrato. Por lo demás, un sentido espiritual no podría constituirse sino por referencia a un valor, cualquiera fuere (utilidad, belleza, verdad, santidad, etc.). Sobre esta estructura es que verificamos que el ser de un objeto cultural es ser un sentido.

Dentro de esta estructura común a los objetos culturales (substrato y sentido), cabe distinguir dos especies primarias: aquellos objetos cuyo substrato es un poco de Naturaleza (objetos mundanales) y aquellos cuyo substrato es la propia acción o conducta humana (objetos egológicos). En estos últimos no ha de tomarse como substrato el desnudo organismo biológico, que también es Naturaleza, sino la acción o conducta en cuanto que vida como vida biográfica. Es así que la amputación de las piernas mutila seriamente el organismo biológico, sin que quepa decir que ha sufrido mutilación el substrato del objeto egológico, por cuanto antes y después la persona mutilada sigue teniendo conducta en plenitud.

Según esto, el Derecho como objeto resulta ser un objeto egológico. Para convencernos, basta exigir que se nos muestre, en caso contrario, cual es el substrato del Derecho; donde está; donde se lo ve, con la correspondiente intuición sensible que reclama toda intuición de la existencia. Pues no hay escapatoria: o se descarta la idea de que el Derecho sea cultura; o, si lo es, entonces es un objeto egológico. Y esto significa que la ciencia ha de verlo como vida humana viviente y no como vida humana objetivada.

Aquí nos urge precisar las cosas. Los juristas dicen también que el Derecho tiene por objeto la conducta, usando la palabra "objeto" en el sentido de "propósito" o "destino". Pero ninguna sinonimia cabe entre la conducta como propósito o destino del Derecho y la conducta como substrato del Derecho. Veámoslo: Si yo digo que el bloque de mármol que está en el Louvre es el substrato de la Venus de Milo, digo que ese mármol es la Venus de Milo y por eso lo conozco como tal al comprender en él su sentido espiritual. De la misma manera, y con un alcance similar, cuando la teoría egológica dice que la conducta humana es el substrato del Derecho, dice que la conducta es el Derecho en tanto que es el objeto cuyo conocimiento formula el jurista al comprenderla en su sentido. No se trata de que el Derecho sea, en sí, alguna otra cosa destinada a incidir sobre la conducta en relación finalista. Lo que la teoría egológica afirma redondamente es que la conducta misma es el Derecho —objeto que el jurista quiere conocer conceptualmente—, en cuanto que, de la conducta, siendo el substrato del Derecho, decimos algo paralelo a lo que decimos de la Venus de Milo cuando afirmamos que ella es el bloque de mármol que está en el Louvre. Si nos preguntáramos ¿dónde está la Venus de Milo?, responderíamos señalando a su substrato de mármol, porque él es la Venus, y aunque hubiera, por cierto, de comprendérselo todavía en su sentido. De la misma manera, si preguntáramos donde está el Derecho, habría de contestarse señalando a los hombres, en sus actos, porque estos son el Derecho y aunque hubiera igualmente de comprendérselos todavía en su sentido. Ahí, en la conducta, está el Derecho de cuerpo entero y en cuerpo presente; frente a ella, el jurista no tiene otra cosa que hacer, para conocerla dogmáticamente, sino esclarecerla empíricamente en su inmanente sentido coexistencial[1], en forma paralela a como esclarecemos por comprensión el sentido del mármol de la Venus de Milo. Algo quiere conocer el jurista; y ese algo es conducta; no alguna otra cosa que se dirija a la conducta.

Dilthey y Freyer columbraron ya la distinción entre objetos mundanales y egológicos. Aunque ambos ubicaron el Derecho en el miembro opuesto donde lo encuentra la teoría egológica, advirtieron, sin embargo, la primaria escisión del ámbito cultural. Uno habló de "sistemas culturales" y "organización externa de la sociedad"; el otro, de "contenidos objetivos de sentido o ciencias del logos" y "formas de vida". Pero ninguno tematizó la distinción sobre un punto común a ambos miembros (el substrato del objeto de cultura), que permitiera ver a ambas especies en el mismo nivel sistemático, como lo hace la teoría egológica. Además, por la desubicación a que lo someten, el Derecho pierde en ellos su fundamento existencial[2].

A comienzos del presente siglo Del Vecchio advirtió que la acción humana puede ser considerada de dos maneras y no más que de dos:

En un caso, interfiriendo con otra acción posible del sujeto que la realiza, de modo que la ejecución de una acción queda contrapuesta a la omisión simultánea de las otras acciones que pudo ejecutar el mismo sujeto. Por estructura, aquí el hacer se integra con el omitir; y esto significa que es imposible comprender una acción como libertad, teniendo en vista puramente el hacer; por el contrario, solo se alcanza su comprensión como libertad en su contraposición al omitir concomitante. Como en este caso entra en consideración un único sujeto actuante, la interferencia de acciones posibles es, aquí, subjetiva. Y la acción, considerada de este modo, es el objeto del conocimiento moral.

Pero hay otra manera posible de interferir una acción con otra, manera también necesariamente posible en cuanto que

---

1 Coexistencial en el sentido definido por la filosofía existencial, de que la existencia humana es coexistencia, según se explícita más adelante en el parágrafo XVI.

2 Existencial en el sentido definido por Heidegger. Es claro que si el Derecho fuera objeto mundanal, como resulta en Dilthey y en Freyer, queda cosificado como vida humana *objetivada,* empleando la terminología que usa Recaséns Siches. Pero es visible que su auténtica nota existencial puede conservarla solo como vida humana *viviente,* como conducta, como objeto egológico.

la existencia humana es coexistencia. Ahora es en relación con otro sujeto actuante, donde la ejecución de una acción queda contrapuesta al impedimento de la misma que le opone o no la acción que realiza otro sujeto. Por estructura, el hacer, aquí, se integra con el impedir, de modo que la comprensión de una acción como libertad se alcanza ahora en cuanto es o no es impedimento de la acción de otro sujeto actuante. Tratamos, pues, con una interferencia intersubjetiva de acciones posibles; y la acción, considerada de este modo, es el objeto del conocimiento jurídico.

Esta es la bilateralidad o alteridad que define al Derecho, lo que significa que este implica dos sujetos desarrollando una conducta compartida. Entiéndase bien: no se trata de que un sujeto sea simplemente el destinatario de la acción del otro, como ocurre en la caridad, donde, por tal razón, no hay deberes y derechos en articulación recíproca repartidos entre ambos sujetos. En el Derecho lo compartido es el hacer mismo, de modo que lo que un sujeto hace se integra con lo que le toca hacer al otro. De ahí que habrá derechos para uno frente a los deberes del otro, en perfecta correspondencia.

La investigación de Del Vecchio así "reducida", responde a una descripción fenomenológica en el sentido de Husserl, la que, por cierto, no está en Del Vecchio, pues este autor, para superar el plano psico-físico de donde ha partido reclama un principio ético determinante de la acción y, en consecuencia, trascendente a ella, "al cual se someten las estimaciones y normas todas del obrar", pero el que no resulta consubstancial con el obrar mismo porque fuese un modo de ser del propio obrar.

Purificado fenomenológicamente el planteamiento de Del Vecchio, es ya fácil dejarlo inmerso en un planteamiento existencial. Bajo esta luz resulta redundante articular la conducta a un principio ético, porque la valoración se muestra inmanente a la libertad tan pronto como se le pide a esta que despeje su interioridad proyectándose en el futuro.

Así se ha logrado, a lo Husserl, un indubitable punto de partida puramente descriptivo como la región óntica del jurista; y, además, a lo Heidegger, un horizonte de insospechada fecundidad.

En efecto, esto nos lleva a hacernos cargo que hay varios valores jurídicos. No exclusivamente la Justicia, sino todo valor de conducta que tenga estructura bilateral, en el sentido arriba definido, es un valor jurídico, como son, por ejemplo, entre otros, el Orden y la Paz. Por lo tanto, la determinación de un sentido como sentido jurídico, se constituye sobre un plexo axiológico, de acuerdo con lo que más adelante veremos.

Pero acá importa establecer que estos valores son inmanentes al Derecho, según antes decíamos. No son nada trascendente que, como algo externo al Derecho, este persiguiera cual una finalidad a alcanzar. Y aclaremos que, mientras permanecemos en la descripción de nuestro objeto, nos referimos a los valores positivos dados en la realidad histórica.

Para palpar aquella inmanencia hay que recordar que el acto humano puede ser captado desde afuera del acto mismo, con neutral aprehensión, tal como ocurre con las demás cosas del mundo (visión óntica con intuición sensible); y también desde dentro del mismo, con toma de posición axiológica integrante de su sentido (visión ontológica con intuición emocional) . Con lo primero —ya lo vimos en el apartado precedente— el Derecho se nos ofrece como conducta en interferencia intersubjetiva; y con lo segundo, como siendo siempre alguna justicia o injusticia, algún orden o desorden, algún poder o anarquía, etc. El caso es que esta consideración ontológica de la conducta, este verla por dentro desde adentro, este hacer que la libertad fenoménica nos despeje su intimidad, nos fuerza a recurrir a un lenguaje axiológico que predica cualidades valiosas o desvaliosas de la propia conducta.

Por lo demás, la íntima unidad de aquellos dos modos intuitivos está garantizada por la intuición existencial de la plenaria vida humana, uno de cuyos modos fenoménicos (el coexistencial) , es el Derecho. En efecto, todos los entes, incluso el hombre, muestran su *qué;* pero solo el hombre, además, se revela su *qué.* La unidad de estos dos *qué* del hombre, o mejor dicho, la perfecta superposición de estas dos perspectivas sobre su único *qué,* es la intuición como *quien,* de la propia existencia en sentido plenario. El hombre declara el *qué* de los entes, incluso del propio, en esa función de altavoz del Universo que dice galanamente García Bacca; pero, por cierto, vive únicamente su propio *qué.* La visión óntica y la visión ontológica se justifican, pues, respectivamente, por aquello y por esto.

Acá corresponde intercalar una primera reflexión acerca de la vocación hacia lo "razonable", que se acusa en toda axiología jurídica y sobre la cual tendremos que volver más adelante. Vocación hacia lo "razonable" en la forma y en el contenido, que se funda, bajo el primer aspecto, en la configuración conceptual de la valoración que aporta la norma como integrante intelectivo de la valoración misma; y bajo el segundo aspecto, en lo que hay de racional en el ser humano, por esencia.

Kant dio el válido esquema de la experiencia de la Naturaleza, tal como está resulta en la Física newtoniana, distinguiendo en ella dos componentes: una estructura lógica y un contenido empírico. La estructura consiste en la Lógica del ser, a partir de la forma enunciativa "dado *A*, es *B*"; el contenido consiste en las aportaciones que suministra nuestro aparato sensorial como intuiciones empíricas. El primer componente, por el ángulo con que lo caractericemos, resulta formal, necesario y *a priori;* el segundo, paralelamente, material, contingente y *a posteriori*. Este esquema, aparte el valor constructivo que asume en la total filosofía de Kant, es rigurosamente descriptivo en sentido fenomenológico. Lo comprobamos si, tomando lo enunciado por una ley natural cualquiera, abstraemos ambos componentes: quedaríamos, en ese caso, sin nada por delante.

Hasta hoy no se había formulado el esquema de la experiencia del Derecho. Acometiendo esta tarea en forma descriptiva, la teoría egológica se da con la novedad que la experiencia jurídica se constituye con tres componentes: Una estructura, que consiste en la Lógica del deber ser, a partir de la forma imputativa "dado *A*, debe ser *B*"; un contenido dogmático recogido por aquella estructura, consistente en elementos empíricos con soporte sensorial; por ejemplo, los 22 años que se requieren para la plena capacidad civil y que pudieron ser 21 o 23 para una capacidad no plena, sino escalonada, etc.; en una palabra, todo lo que se lee en el texto de una norma; y, en tercer lugar, una valoración jurídica de justicia o injusticia, que siempre estará realizada en los contenidos dogmáticos, cualesquiera fueren, inseparable de estos contenidos, pero que no puede ser confundida con ellos por ser aquélla una valoración y ser estos determinadas referencias a ciertos objetos o sucesos del mundo real.

Lo notable es que este tercer componente resulta *material* pero *necesario* a la experiencia jurídica. Ni siquiera imaginativamente se lo puede eliminar de ella. Los contenidos dogmáticos son diferentes de institución a institución; a cualquiera de ellos se los puede alterar y aun suprimir de un régimen jurídico; pero en cualquier contenido dogmático aparece ya la valoración jurídica, invariablemente plena mostrando todas y las mismas dimensiones y perspectivas. Así, no hay, ni puede haber, institución jurídica alguna que escape a la calificación de justicia o injusticia.

# CAPÍTULO X

## PROPOSICIONES JURÍDICAS SOBRE EL PENSAMIENTO VÁLIDO

La Teoría pura del Derecho, de Hans Kelsen, parte de un reclamo radical por la pureza metódica. Esto significa que los conceptos jurídicos se han de formar solo con significaciones jurídicas. Kelsen constituye la pureza metódica sobre la base de dos purificaciones. Una primera purificación rechaza todo préstamo conceptual de la Física, la Biología, la Psicología y la Sociología, distinguiendo entre ser y deber ser: se rechaza el ser porque el Derecho es deber ser. Una segunda purificación hace lo mismo respecto de la política, la moral y la religión, distinguiendo entre el deber ser que pretende valer por su intrínseco valor y otro deber ser neutro, que es una mera relación imputativa en cuya virtud se señala que, dado un antecedente, debe ser cierta consecuencia. No interesa ahora que la consecuencia tenga un intrínseco valimiento; aun siendo desvaliosa, igualmente debe ser porque está imputada al antecedente. Kelsen se queda únicamente con este deber ser neutro y desarrolla todas sus ideas en este plano.

Pero, ¿qué es este deber ser neutro que se agota con solo relacionar dos términos de una proposición, sino un deber ser lógico? Y entonces, ¿qué significa retener el deber ser de la primera purificación y el deber ser lógico de la segunda purificación, sino haber llegado a una Lógica del deber ser? La pureza metódica, tematizada ella misma por la teoría egológica, nos viene a decir precisamente esto. La pureza metódica nos viene a decir que a los conceptos hay que tratarlos como conceptos; o, ya que de conceptos muy singulares se trata, que a las normas hay que tratarlas como normas; en una palabra, que lo lógico ha de ser tratado como Lógica, aun refiriéndonos a la Lógica del deber ser. Basta observar los temas que aborda Kelsen en lo que propiamente es teoría pura, y los desarrollos a que los somete, para convencerse de que no hace otra cosa que lo que decimos.

Así, pues, la teoría egológica advierte que esta pureza metódica constituida sobre el nexo lógico de imputación solo es una Lógica jurídica formal. En contra de lo que se cree, con la teoría de Kelsen no está directamente interesado el Derecho, sino el pensamiento jurídico que lo mienta. De modo que, *en principio sin ninguna alteración de contenido,* la teoría egológica transforma profundamente el alcance y papel de la teoría kelseniana. La enseñanza definitiva de la pureza metódica es que, sin estructura normativa, ningún pensamiento jurídico vale como tal pensamiento jurídico. Pero nada más.

La normatividad, dice Kelsen con razón, consiste en aquella imputación de naturaleza lógica. Sobre esto se levanta su teoría de la norma, aisladamente considerada: estructura normativa y estructura imputativa del pensamiento, son la misma cosa. La normatividad fundada en el derecho natural, en la imperatividad de las leyes o en un hecho social, son otras tantas expresiones de pensamiento jurídico inválido por carecer de estructura lógica correcta. Y es muy sencillo señalar la autocontradicción intrínseca de estas tres posiciones confrontándolas con lo que ocurre en la experiencia.

Fácilmente se comprende que esta teoría de la norma, de Kelsen, para la teoría egológica resulta, en consecuencia, una finísima analítica de las partes. Es una analítica porque resulta del mero análisis del conocimiento jurídico efectivo; y lo es solo de las partes, porque versa sobre las normas aisladas sin considerar el ordenamiento que constituyen al enlazarse.

Pero Kelsen, avanzando en esta analítica, presenta la norma como un juicio hipotético: "si es *T, A* debe ser *S"*; creyendo que bastan la transgresión (T), el transgresor (A), el órgano del Estado y la sanción (S), para conceptualizar la experiencia jurídica.

Frente a esto la teoría egológica presenta la norma como un juicio disyuntivo: "Dado *H* debe ser *P*, o dado *no-P* debe ser *S*". No es esta la oportunidad para mostrar que nuestro análisis es el correcto; pero la diferencia es grande y las consecuencias que sobrevienen no son menores. Bastará advertir que el esquema disyuntivo permite restaurar el valor de conceptos jurídicos tales como el de deber o prestación y el de facultad o derecho subjetivo, conceptos radiados por Kelsen de la teoría jurídica y tan caros a la trayectoria histórica del Occidente.

La teoría del ordenamiento jurídico de Kelsen ha alcanzado universal difusión con la feliz imagen de la pirámide jurídica. Las normas de un sistema positivo no están yuxtapuestas en montón; por el contrario, se escalonan en gradas jerárquicas, de tal modo que la validez de una norma inferior consiste en ser dictada de acuerdo con lo señalado por la norma superior. Los ligámenes entre normas son, pues, también ligámenes lógicos de deber ser y el ordenamiento en conjunto resulta un deber ser. En eso mismo se ve que la aplicación y la creación de normas se coimplican, no siendo actos independientes, sino que aplicar una norma superior significa crear una norma inferior, tal como en la ejecución del pianista —que es un acto creador—, queda aplicada la partitura del compositor.

Todo esto, que para la teoría egológica resulta una analítica del todo, explica, por ejemplo, que sea ilusión lo de las lagunas del Derecho —las que serían casos de imposible resolución judicial con fundamentos jurídicos—.

Pero aquí la teoría egológica hace ver que el ordenamiento así concebido presupone el principio de que "todo lo que no está prohibido, está jurídicamente permitido", destacando: 1) que este principio está ónticamente impuesto por la libertad en que la conducta consiste; y 2) que este principio es un juicio sintético *a priori*, en el sentido de Kant. Pues, en efecto, el principio de que "todo lo que no está prohibido, está jurídicamente permitido" no significa meramente la disyunción lógicamente convertible de que todo lo que no es ilícito, es lícito que sin alteración de sentido se puede convertir en su inversa: todo lo que no es lícito, es ilícito); sino que en forma inconvertible enuncia la libertad como el prius del Derecho. No se puede decir "todo lo que no está permitido, está jurídicamente prohibido" porque sería enunciar una paralización imposible de la vida: si un pagaré me obliga a entregar una suma de dinero en un determinado día, habría de establecerse la hora y el minuto, si es en dinero o con cheque, el traje azul o gris que llevaría e incluso el gesto grave o sonriente con que haría el pago, para que la realidad, en su infinita determinación, pudiera estar enunciada de aquella manera. En cambio, obsérvese que basta pactar el pago de una suma de dinero en un determinado día, para que la realidad esté bien enunciada *sobre la base* de que todo lo que no está prohibido está jurídicamente permitido, porque todavía soy libre de elegir la hora; y si esta también está pactada, todavía soy libre de elegir el traje que llevaré; y si este también está determinado, todavía soy libre acerca de mis gestos, etc. El objeto que mientan las normas, que es la conducta, resiste ónticamente de ser enunciado bajo la forma "todo lo que no está permitido, está jurídicamente prohibido". Es decir, que de la mera correspondencia lógicamente convertible entre lícito e ilícito, no resulta que la libertad sea el prius (carácter sintético de la enunciación en su única forma correcta). Y este prius viene impuesto *a priori*, necesariamente, por la pura intuición de la libertad de la conducta. Así como la intuición del espacio puro impone la verdad sintética de que la línea recta es la distancia más corta entre dos puntos, así también la intuición de la pura libertad impone la verdad sintética de que todo lo que no está jurídicamente prohibido está jurídicamente permitido, y no al revés.

Kelsen, por último, trata tres dualismos muy perturbadores en la ciencia jurídica, porque esta no discierne bien su alcance: derecho público y privado; Derecho y Estado; primado del orden jurídico estatal o internacional.

La teoría pura del Derecho disuelve las tres oposiciones por la relativización recíproca de los miembros de cada oposición. La teoría egológica agrega a esto, algo que concierne al alcance científico de estos dualismos, señalando su puro carácter dialéctico; es decir, que son meros despliegues del intelecto jurídico para dar criterios clasificatorios a la sistemática científica. No se trata de un epílogo de ciencia positiva que trajera la teoría pura del Derecho; sencillamente es el remate consabido de la Lógica formal, en su tarea arquitectónica del conocimiento jurídico.

# CAPÍTULO XI

## PROPOSICIONES JURÍDICAS SOBRE EL CONOCIMIENTO POSITIVO

¿Qué relación hay entre la norma y la conducta correspondiente? Por su contenido y por sus consecuencias, este es uno de los tópicos angulares de la ciencia jurídica; por ejemplo, de él depende esclarecer cómo y con qué la ley obliga al juez y al súbdito.

La ciencia tradicional se ha movido siempre buscando una relación de causa a efecto, ya en forma mecánica, ya en forma teleológica. Y no tenía horizontes para proceder de otra manera, sea que acentuara el problema en posición empirista, sea que lo silenciara presuponiéndolo, como hacen los racionalistas que pretenden limitarse al análisis de las normas sin descender de ellas.

La teoría egológica, merced a su planteamiento de la Lógica jurídica formal, inaugura un camino inexplorado: Si la norma simplemente es un concepto —el concepto de la Lógica del deber ser—, entonces, entre norma y conducta existe sencillamente la relación de conocimiento, es decir, la relación de concepto a objeto; se trata de esa relación significativa analizada en general por Husserl; la norma mienta la conducta; eso es todo. Y con mayor precisión y riqueza, todavía diremos: la norma es el único modo de mentar conceptualmente una conducta como conducta, porque la mienta en su libertad, que es lo que la conducta de verdad es.

La importancia general del verbo "deber ser", en tanto que simple cópula lógica, cobra con esto un alcance insospechado: La libertad que define al ser humano, pensada con el verbo ser, es una libertad petrificada o cosificada; es la libertad muerta de la historia o de la sociología. El verbo ser, verbo del ente inmóvil de la identidad, no es apto para conceptualizar la libertad, porque la libertad no es algo que esté hecho, sino que está haciéndose: es creación, huidiza presencia, milagroso tránsfuga que saca de su entraña todo cuanto el hombre ama y comprende. Otra cosa ocurre con el verbo deber ser; mediante él es posible conceptuar la conducta en su viviente libertad, es decir, referirnos a la conducta como conducta mediante conceptos. Esto significa la posibilidad de una ciencia acerca de la conducta misma; y por eso la teoría egológica presenta la ciencia del Derecho como una ciencia de la plenaria vida humana.

Y puesto que la conducta es hecho efectivo, presencia tangible, positiva realidad, vigente deber ser existencial, la teoría egológica tematiza, sobre el propio dato, al lado del problema de la validez del Derecho, el problema de su positividad, hoy totalmente dejado en la sombra por los juristas. Tematización de la validez como Lógica jurídica formal y tematización de la positividad como Lógica jurídica trascendental, en la unidad de la Lógica.

La ciencia tradicional ha construido, de hecho, tres antinomias cada una con una tesis y dos antítesis: antinomias de la personalidad, de la libertad y de la vigencia.

En la primera antinomia, la tesis habla de hombres que son personas (sujetos individuales) , y las antítesis de hombres que no son personas (esclavos) y de personas que no son hombres (asociaciones) . De ser exacto lo que las antítesis afirman, la personalidad jurídica del ser humano sería una conjunción accidental, ya que puede darse el hombre sin personalidad jurídica y la personalidad jurídica sin el hombre. Esto significa extrañar al hombre del Derecho; o, para decirlo con otras palabras, significa que el hombre no es esencial al Derecho. Es así que la teoría civilista de la personalidad está volcada sobre la segunda antítesis. La teoría egológica restaura la esencialidad de la tesis, demostrando la falsedad de ambas antítesis: Es contradictoria la noción de una absoluta esclavitud porque el esclavo tiene que tener el derecho de cumplir sus deberes. Las personas colectivas no pueden referirse a entes que no sean los hombres mismos porque no tienen otra existencia que la de los hombres que la componen.

En la segunda antinomia, la tesis habla de una libertad que es licitud (ejercicio de una facultad); y las antítesis de una libertad que no es licitud (el entuerto) y de una licitud que no es libertad (el cumplimiento de una obligación). La ciencia tradicional quiso radicar la esencia del Derecho en la segunda antítesis, porque allí estaría el dar a cada uno lo suyo. Kelsen ha ensayado de ponerla en la primera antítesis y en la sanción que le subsigue bajo la forma de un juicio hipotético. La teoría egológica demuestra la esencialidad conjunta de las tres afirmaciones.

En la tercera antinomia, la tesis habla de una validez que tiene vigencia (v. g. fallos que sientan jurisprudencia); y las antítesis de una validez que no tiene vigencia (v. g. una ley en desuso) y de una vigencia que no tiene validez (v. g. una sentencia contra ley, una revolución). La ciencia tradicional ha creído que el Derecho estaba con toda integridad en la primera antítesis y que era esta la que daba juricidad a la tesis, descalificando la segunda antítesis. La teoría egológica demuestra la esencialidad de la tesis, reduciendo a ella la segunda antítesis y descalificando la antítesis en que apoya sus espaldas la ciencia tradicional.

Si en la pareja de términos, norma y conducta, el último quedara olvidado o puesto en segundo lugar por su dependencia causal del primero, solo cabe ya hablar de la interpretación de la ley. Este es el camino tomado por la ciencia tradicional en un punto en que, por su dramatismo vital, se dan cita todos los problemas jusfilosóficos y tiene la máxima importancia jurídica.

La teoría egológica no olvida la norma ni la conducta; por eso sostiene que no se interpreta la ley, sino la conducta humana mediante la ley. Pues la ley es una expresión conceptual; e interpretar es un modo de conocer, siendo aquí la conducta el objeto mentado por aquella expresión; y el objeto es lo que ha de ser conocido. Así, Husserl nos enseña que cuando alguien nos relata, con palabras conocidas, lo que ha hecho un amigo, no juzgamos de sus palabras, sino del comportamiento del amigo, que es lo que se nos hace conocer mediante las palabras.

De esto resulta que la teoría egológica pone las cosas, aquí, sobre una hermenéutica existencial: la ciencia jurídica es, ciertamente, una ciencia interpretativa, pero interpretativa de la conducta, que es plenaria vida humana. El jurista no afronta, ni puede afrontar, el texto de la ley, en el sentido de que su tarea consistiera en averiguar lo que la ley dice, por la sencilla razón de que la ley emplea un lenguaje por él conocido; donde, la simple lectura, pone en juego la función significativa de todo lenguaje conceptual. Es obvio que las complicaciones de lo que denomina "técnica jurídica", son innecesarias para hacerlo acceder al sentido de los textos porque son ajenas al problema del lenguaje conocido y de su función significativa; y no es menos obvio que si realmente afrontara los textos, se transformaría de hecho en legislador.

El jurista trata con el significado que tienen los actos que realizan los hombres. Para él, los actos humanos no son hechos naturales cuya existencia fuere la cuestión a explicar, sino que esos actos son la expresión de algo, que es lo que hay que establecer. Así como esclarecemos el sentido del mármol de una estatua, para conocerla por comprensión, así el jurista esclarece el sentido de los actos humanos en interferencia intersubjetiva. Solo que lleva a cabo esta tarea mediante las normas jurídicas, porque el conocimiento que formula de la conducta no es el de una comprensión libremente emocional, sino el de una comprensión conceptualmente emocional. Las normas son conceptos; como tal, mientan la conducta; por lo tanto, mientan también el sentido de la conducta; este sentido, por ser un sentido mentado —y solo así puede estar dado anticipadamente—, es un sentido conceptualizado. La existencia de este sentido —que, como la de cualquier otro, tiene que ser creada y recreada constantemente en una vivencia de alguien—, se logra cuando se lo vivencia tal cual es, a saber, como sentido *mentado*. Lo cual significa que la norma integra el sentido mismo que mienta y, por lo tanto, la conducta que mienta en su substrato y en su sentido egológicos. La conceptualización del sentido significa, además, como resultado de la mera presencia del concepto, que la valoración jurídica se mueve dentro de márgenes lógicos, sometida así, por afuera, a las leyes de la lógica.

La fuerza de convicción que ha de tener la opinión del jurista se apoya, a la par, en la norma y en la conducta, sin renunciar a ninguno de estos términos; y por eso va determinada, a un tiempo, negativamente por el concepto legal que lo puede poner en una vivencia de contradicción si lo transgrede; y positivamente por los valores bilaterales de la conducta en juego, cuya mejor realización da al intérprete el criterio de la interpretación debida.

Hablar de conducta, de libertad y de personalidad, es la misma cosa en el plano existencial. Como la libertad solo muestra su existencia por su directa presencia, esto significa que todos los problemas jurídicos son forzosamente de tiempo presente;

no de pasado ni de futuro. De ahí la importancia magna de esta pregunta: ¿cuánto dura el presente?

Con la teoría egológica, por primera vez se ha hecho notar que el tiempo propio de la experiencia jurídica no es el tiempo cosmológico de los relojes, sino el tiempo existencial. Sin embargo, la cuestión es obvia: si una sirvienta, asustada por los ladrones que roban la casa de sus patrones, permanece diez horas escondida en el sótano después del asalto, antes de llamar a la policía, nadie dirá que fue encubridora por diez horas y que solamente la ulterior es su conducta lícita. La conducta se interpreta como una totalidad sucesiva reconociendo la coexistencia de sus momentos. Con esto no desconocemos, por cierto, que en los contenidos dogmáticos del Derecho existen referencias al tiempo cosmológico, como cuando se establece la duración de las penas o se fijan los términos procesales o de la prescripción. Pero estos contenidos dogmáticos referentes al tiempo cosmológico, como todos los contenidos dogmáticos, son la conceptualización de las valoraciones; precisamente estos que mientan el tiempo cosmológico casi siempre expresan valoraciones de orden y seguridad únicamente. Pero es otra cosa lo que la teoría egológica pone sobre el tapete: la teoría egológica destaca que el tiempo existencial es el tiempo propio de la experiencia jurídica, en cuanto es la base de nuestro conocimiento de la realidad jurídica, porque el Derecho existe con esa clase de temporalidad. Y bien, ¿cuánto dura, entonces, el presente existencial?

Heidegger ha estudiado superlativamente bien el tiempo inmanente como tiempo originario, donde el presente puede convocar al pasado y al futuro y donde, además, pasado, presente y futuro crecen juntos, en forma tal que cualquier momento presente contiene en sí algo de pasado que sobrevive y algo de futuro que se anticipa. Y ha mostrado, también, cómo esta vivencia originaria se extravierte hacia el mundo, en una primera etapa de tránsito hacia el tiempo público e impersonal de los relojes, sobre la base de tres datas: un antes, un ahora y un después, donde el ahora es el intervalo ligado a la presencia de los objetos de nuestra directa preocupación. Como la presencia de un objeto no excluye la presencia de otros objetos, y como esas diversas presencias pueden ser de diferente duración, se explica que pueda haber varios "ahora" de diferente duración; y así decimos: "ahora en la mañana", "ahora en la semana", "ahora en el verano", según que la mañana la semana o el verano sea el objeto de nuestra directa preocupación.

La teoría egológica destaca que esta primera extraversión del tiempo inmanente no es solo una etapa de tránsito hacia la constitución del tiempo cosmológico, que, como dimensión de la Naturaleza, cuenta en la medida del movimiento. También es, con autonomía, el modo temporal de la experiencia jurídica, porque es el tiempo de nuestra actividad cotidiana, que en realidad se despliega solo con el antes, el ahora y el después.

En efecto, mucho se ha discurrido sobre el papel de nuestros órganos sensoriales, en el proceso que viene desde las cosas hacia nuestra conciencia dándonos cuenta de un mundo exterior; pero poco se ha destacado el papel de tales órganos, en el proceso inverso de la extraversión de nuestra intimidad en la constitución de tal mundo. A este respecto diremos que también cobran relieve los sentidos nobles (vista y oído), frente a los sentidos innobles (olfato, gusto y tacto, aunque este último, en cuanto sentido primario o protosentido, juega su papel en los dos ámbitos, con alcance limitado, ciertamente, pero con mucha mayor dosis de intimidad que ningún otro: el tacto es el sentido de la aprehensión inmediata que torna utensilios a las cosas y es el sentido de la caricia amatoria que nos refunde con el prójimo) . La vista y el oído son los sentidos de la comunicación a distancia; son también los sentidos de la creación artística, el uno como conducto de extraversión para las artes plásticas y el otro para la poesía y la música.

Si la vivencia originaria del tiempo inmanente se extravierte hacia el mundo, no es de extrañar que acuse dos modos de extraversión bien diferentes, contándose con dos diversos conductos para tal cosa, cuáles son los sentidos de la vista y del oído. No puede engañarnos que la primera extraversión del tiempo inmanente, presente a la par ambos modos de extravertirse; pronto se advertirá que la extraversión lumínica ultrapasa por mucho el radio de su primera extraversión, en cuanto que, ligada al espacio, se despliega como Geometría; pero no así la extraversión acústica, ligada al lenguaje. De esto resulta que el tiempo cosmológico es fundamentalmente lumínico, como lo ha venido a aseverar la teoría de la relatividad con la constancia de la velocidad de la luz, aludiendo a su extraversión más remota; y no es una casualidad que Heidegger, sin conciencia de la diferencia que estamos señalando, pero preocupado por el hecho de la Naturaleza, haya rastreado el proceso de extraversión de la temporalidad a partir de fenómenos luminosos primarios, como la sucesión de las noches y los días y otros semejantes. En cambio, el tiempo societario es fundamentalmente acústico, como lo comprueba su captación por el lenguaje que es el producto social más extravertido e impersonal, más monovalente y anónimo, a la par atmósfera y horizonte de todo intercambio espiritual. Pues en la vida con otros, medimos nuestro tiempo y nos referimos a él mediante la palabra, por mucho que la palabra casi no tenga medida más precisa que los vocablos "antes", "ahora" y "después": el "hace diez minutos" que emerge en nuestra conversación, no son diez vueltas del secundero de nuestro reloj, sino "un poco antes" vago e impreciso pero maravillosamente compenetrado a la situación coexistencial; de la misma manera que el "hace un año" casi nunca es el preciso término de traslación de la Tierra alrededor del sol. Los relojes de precisión son un lujo ocasional para nuestra vida en común tal como tiene lugar de hecho. Para la comprensión adecuada de nuestra convivencia, nos basta el "antes", el "ahora" y el "después" de nuestro lenguaje, en un grado mucho mayor que lo que bastan las constancias astronómicas aparentes para la comprensión adecuada de la Naturaleza. Y por eso en el lenguaje, en cuanto horizonte de todo intercambio espiritual, está también el horizonte de nuestro tiempo societario, que muy mal se deja ultrapasar y frente al cual los recursos de un lenguaje mímico o gráfico quedan como instrumentos toscos al lado de los refinamientos de la palabra.

Quien pierde totalmente la vista, pierde fundamentalmente su contacto con la Naturaleza exterior; con esa Naturaleza de que nos habla la ciencia física y que estilizan las artes plásticas; pero no pierde lo fundamental de su vida societaria: el trato con la familia, con los amigos, con los vecinos. En cambio, con la sordera absoluta —y dejando de lado el artificio de la palabra escrita—, los términos están invertidos: casi no se ha perjudicado el contacto con la Naturaleza y casi se ha interrumpido el contacto con la sociedad.

Así, pues, la primera extraversión de nuestra temporalidad inmanente también es, con autonomía y propio fundamento, el modo temporal de la experiencia jurídica, porque es el tiempo de nuestra actividad societaria, que en realidad se despliega solo con el antes, el ahora y el después. Y por ser la primera extraversión del tiempo inmanente, el tiempo jurídico está cargado de subjetividad, aunque sea un tiempo mundanizado. No es el puro tiempo inmanente de nuestro espíritu, pero tampoco es el tiempo impersonal de los relojes, en la vacuidad de sus horas iguales.

Y, con lo dicho, se comprende también que el Derecho de la Constitución, el de la ley y el de la sentencia, siendo todos presente, puedan tener diferente duración en un presente más dilatado o más efímero.

En efecto; cuando la Dogmática trabaja con un ***ámbito temporal del Derecho,*** lo que está referido es, visiblemente, aquella primera extraversión del tiempo inmanente; esta, y no otra, es la temporalidad que nutre a la Dogmática vertiéndole su contenido. El ámbito temporal de un contrato o de un delito —que involucra todo cuanto de real hay inmerso en él, y que circunscribe el juego de la aprehensión normativa del juez— alcanza, normalmente, por lo menos, la duración del pleito donde se lo cuestiona (a salvo los casos más breves de ciertos contratos libremente cumplidos) y, a lo sumo, desde la infancia de los sujetos actuantes hasta la realización de la sanción (a salvo aquellos casos de sociedades de larga duración u otros análogos) . Dentro de estos límites está, ordinariamente, aquella presencia que determina la duración del "ahora" de su tiempo jurídico. Y se comprende, sin más, que son otras las articulaciones temporales de la ley como un "ahora" (v. g.: su derogación por otra ley, la situación social tal como la alude el famoso y misterioso aforismo "rebus sic stantibus", etc.) y otras las articulaciones temporales de la constitución también como un "ahora" (v. g.: una revolución, una guerra, etc.).

# CAPÍTULO XII

## PROPOSICIONES JURÍDICAS SOBRE EL SENTIDO PURO

Tenemos el hecho, de certeza histórica, que a veces el hombre se rebela contra el Derecho existente, en nombre de la verdadera justicia, llegando incluso a pagar con la muerte su rebeldía. Este ligarse y decidirse por un valor puro, invocando su carácter de verdad, en cuanto es un modo de ser del hombre, obliga a la teoría egológica a desarrollar una axiología existencial en el ámbito del Derecho.

En el fondo aquí late, como fundamento, una cuestión menos patética, pero mucho más general y premiosa: así como toda ciencia empírica tiene a su base una correspondiente ciencia eidética (y por eso el jusfilósofo hace ontología jurídica para un jurista que da un conocimiento de realidades), así también toda estimativa positiva supone a su término una correspondiente estimativa pura, sin la cual a aquélla se le desvanece la posibilidad de comprender el problema —que le es inmanente— de su propia dirección hacia algún rumbo (lo que solo se entiende como alejamiento o acercamiento respecto de un punto idealmente fijo y único). Por eso el jusfilósofo hablará de la justicia pura en tanto que verdadera justicia, para un jurista que inexorablemente tiene que moverse manejando valoraciones históricas de justicia como justicia real. Sobre este fundamento, la posibilidad de la rebeldía y de la muerte nos definen la naturaleza y el rango del problema.

El tránsito del ser entitativo al valor es ininteligible: lo que es, nada nos dice sobre lo que debe ser, y a la inversa. En cambio, no es ininteligible para la libertad, el tránsito al valor, porque la libertad no es escueta espontaneidad o ciego "poder ser", sino que es espontaneidad proyectada en el proyecto vital del futuro inmediato —en razón de la anticipación del futuro contenida en el presente existencial—; de modo que la libertad, no obstante que es, no queda bien descripta como un ser, sino como un deber ser existencial: "deber ser", y no "poder ser", porque al estar proyectada en el proyecto vital del futuro inmediato, siempre es un poder ser dirigido, no un ciego y escueto poder ser; y "existencial", porque algo es al ser siempre de presencia. De esta manera, el tránsito desde el deber ser existencial al deber ser axiológico, se reduce a su autoiluminación ontológica.

Además, como no se puede predicar un valor de la pura espontaneidad del poder ser, sino que se la predica con motivo del proyecto en que está proyectada, se comprende que la futuridad indeterminada sea el modo temporal al que están ligados los valores. La futuridad del futuro inmediato es futuridad en cuanto que participa de la futuridad del futuro indeterminado del ignoto después. De esta manera, con los valores como categorías ontológicas de futuridad de la vida plenaria, se explica que los valores no sean, sino que valgan, sin recaer para ello en el platonismo de Scheler y Hartmann.

Pero en nuestro futuro indeterminado encontramos a la muerte cerrando el horizonte del tiempo existencial. Y no se trata, por cierto, de saltar más allá de ella para llegar a la verdadera justicia; esto sería reincidir en esa metafísica caduca que trabajó con entes de razón. Nuestro camino es, al revés, retroceder desde la muerte para iluminar el sentido de la vida humana con el sentido ontológico que la muerte nos dé. En el ser óntico-ontológico que es el hombre, lo ontológico habla siempre un lenguaje axiológico.

Imaginemos a la muerte como un espejo puesto al final del camino de un caminante. Si el caminante estuviera interiormente iluminado, su luz, reflejándose en el espejo, lo iluminaría tanto más cuanto más avanzara por su ruta. Supongamos ahora que el azogue del espejo tenga un tinte peculiar; entonces el reflejo del espejo lo iluminaría con un tono que no sería el de la luz natural del caminante. Con la luz interior del caminante, nuestro símil representa la característica óntica del hombre, que es la de ser ontológico. Y valga la inadecuada imagen del espejo y de su azogue, para aludir a esa estructura de la muerte que pone a nuestro ser en el modo del "ser", aniquilando radicalmente el modo del "estar" en que aquél consiste.

Pues es el verse desde la muerte con color de muerte (estructura de la finitud de la vida), lo que presiona al hombre para extraer del limitado tiempo de que dispone, el máximo de realizaciones de que sea capaz. Bien se ha dicho que, si el hombre tuviese a su disposición un tiempo infinito para vivir, el mañana sería siempre igual al día de hoy, y él no tendría otro quehacer sino el distraerse para huir del tedio. Pero la verdad es que nuestra vida entra en tensión hacia algo por la presión de su finitud; tal es la autenticidad que debemos a la muerte. No se trata de un deseo o aspiración de morir, "porque si de esto se tratara, la metafísica existencial no podría sentir precisamente ese hecho con tan grande amargura", nos dice Bollnow. Simplemente se destaca que solo la amenaza de la muerte es capaz de impulsar a la vida humana hasta las regiones más elevadas de una existencia auténtica. Por esto es preciso que la vida no quede privada de sentido por el hecho de una muerte súbita. Y como vivimos en la certeza de esta hora incierta, hemos de vivir como pudiendo también terminar en cada instante. ¿No se hace así patente, ya, la diferencia ontológica entre el suicidio y el sacrificio, siendo el suicidio la muerte que deja a la vida vacía de sentido?

Y bien; la ofrenda de su vida es la suprema medida que tiene el hombre para sus valoraciones. Y el regreso desde la muerte patentiza y explica que la muerte sea esa suprema medida, porque es necesario haber avanzado hasta ella y haberla analizado, para ver la radicalidad definitiva con que nos transmuta pasándonos del "estar" al "ser". Por eso, únicamente la muerte procura un sacrificio absoluto, una entrega total y una liberación sin residuos.

Decimos que la vida es un ser para la muerte, viéndola avanzar irremediablemente hacia el futuro; y esta es una verdad óntica que nos aterroriza, porque es absolutamente neutra a todo valor y porque, así, vacía de todo valor, está referida a nosotros que somos valor. Pero si retrocediendo desde la muerte cumplimos la correspondiente inversión de la frase, entonces el neutro vivir para la muerte, se revierte en un morir para la vida, del que no se puede quitar su significado axiológico, porque no tiene otro significado; y esta es una verdad ontológica que presenta a la muerte transfigurada. Si dijéramos: vivir para la muerte es morir para la vida, la transfiguración de la muerte ha alcanzado toda su patencia.

Y si la muerte es también precio cabal de la justicia, el problema de la justicia ha quedado metafísicamente ubicado y su rango axiológicamente decidido.

Platón sistematizó con la templanza, la fortaleza, la sabiduría y la justicia, el sistema de las virtudes cardinales. La templanza era la perfección de la sensibilidad, la fortaleza lo era de la voluntad y la sabiduría lo era del intelecto. La justicia, sin raigambre material propia, daba la unidad del sistema ético con un sentido de totalidad, al ser el equilibrio recíproco y proporcionado de las otras virtudes.

Aristóteles vio en la justicia su alteridad; ella no se refería a la conducta de un individuo aislado; implicaba el despliegue de una conducta compartida. La justicia, pues, era la virtud específica del Derecho.

Veinticuatro siglos han corrido, sin conciliarse, la idea platónica de la totalidad y la idea aristotélica de la alteridad; antes, por el contrario, interfiriéndose mutuamente y perturbando todas las construcciones efectuadas sobre uno solo de aquellos términos. Pudiera creerse que la noción específica de Aristóteles liberó al pensamiento jurídico de valoraciones morales espúreas para el jurista; pero no fue así, porque la justicia específica de Aristóteles quedó radicada, como una más entre las virtudes éticas particulares, dentro del sistema moral cuya unidad totalizadora conservaba el cuño de Platón. Leibniz, por ejemplo, cuya gravitación fue inmensa entre los juristas de su mundo, toma la noción romana del "vivir honradamente, dar a cada uno lo suyo y no dañar a un tercero", para identificar el "dar a cada uno lo suyo" con la justicia distributiva, el "no dañar a un tercero" con la justicia conmutativa (que son las dos formas aristotélicas de la justicia particular), y el "vivir honradamente" en tanto que justicia en universal, con la idea totalizadora de Platón. La traducción del *honeste vivere* por *vivir a conciencia* —que es lo que corresponde para hablar en el lenguaje conceptual hoy en vigencia entre los estudiosos de estos problemas—, da una idea de la forma cómo el platonismo tenía subyugado al problema de la justicia[1]. De ahí que, hasta el siglo XVIII, se hablara de la valoración de justicia siempre en términos morales, pero no en términos jurídicos; y que, cuando el jurista del siglo XIX expulsó de sus preocupaciones a las valoraciones morales, cayó en el pecado de expulsar también las valoraciones de justicia.

La teoría egológica, al mostrar que los valores de conducta son inmanentes a la libertad, puede establecer que son valores jurídicos todos los que tienen estructura de alteridad, de acuerdo con la idea aristotélica. Solo que, además de la justicia, corresponde incorporar el orden, la seguridad, el poder, la paz, la cooperación y la solidaridad. Pero, en tal caso, de acuerdo ahora con la idea platónica de la totalidad, la justicia da el equilibrio y proporción recíprocos de aquellos otros valores, que son sus términos afines, como lo verifica el hecho de que la justicia acompaña a cada uno de los otros cual si fuera su sombra; por ejemplo, si una institución realiza un buen orden, pero una mala solidaridad, ya, por aquello, es parcialmente justa. Mientras el pensamiento tradicional ponía la noción aristotélica dentro de la noción platónica, la teoría egológica pone, al revés, la noción platónica dentro de la noción aristotélica, al esclarecer que la Justicia desempeña en el seno del plexo jurídico un papel similar al que le atribuía Platón frente a los valores morales. Y con ello conjura al jurista moderno para que vuelva a hablar de la justicia, porque ha instrumentalizado la posibilidad de que lo haga en términos jurídicos, no en términos morales que él hubo de repudiar. Hablar de la justicia en términos de templanza, pureza, nobleza, caridad, etc., lleva a vaguedades por la falta de afinidad ontológica entre ella y estos términos. En cambio, otra es la situación si se habla en términos de orden, paz, solidaridad, etc.

---

1 Que el obrar con justicia no significa vivir a conciencia, aunque eventualmente pueda eso ser así desde el punto de vista moral, es cosa hoy bien sabida y analizada. Piénsese, por ejemplo, en que el Derecho se consuma plenamente con la realización de los actos a que se está obligado, independientemente de la mala voluntad o perverso estado de ánimo con que se realicen dichos actos; y que esta intención moral de sujetos sin rectitud, nada quita ni pone al perfecto sentido de pura justicia que pudiere haber objetivamente en aquella relación jurídica por ellos realizada. Igual sería el caso del juez que dictara banalmente una hermosa sentencia. Se ve con esto, pues, cuan malograda estuvo la tradición aristotélica, queriendo retener la justicia de la alteridad a la par de las virtudes morales, como una más entre ellas, dentro de un sistema cuya unidad se fundamentaría en la totalidad platónica del "vivir honradamente" o "vivir a conciencia" en cuanto equilibrio espiritual.

Los valores jurídicos constituyen, pues, un plexo axiológico presidido por la justicia. Esta idea egológica del plexo valorativo, que concilia de verdad las dos tradiciones clásicas, desencumbre su estructura existencial advirtiendo la razón que visiblemente aparea de dos en dos los valores subordinados. En efecto, el orden y la seguridad, entre sí más cercanos que de los restantes, aparecen en el Derecho como valores de mundo por su exterioridad, tanto que también hablamos, en sentido propio, de orden (plan) y seguridad (protección) respecto de la Naturaleza. A su vez, el poder y la paz, también entre sí más cercanos que de los restantes, aparecen en el Derecho como valores de existencia por su personalización, tanto que también cabe hablar, en sentido propio, de poder sobre sí mismo y de paz íntima. Por último, la cooperación y la solidaridad, a su turno más cercanos entre sí que de los restantes, en sentido no metafórico solo son valores de coexistencia. Es decir, que dentro de la justicia encontramos, a mundo, persona y sociedad perfilando la estructura de su contenido.

Se han efectuado artificiosas distinciones en la justicia, como la conocida de conmutativa y distributiva, que solo ha traído perjuicios para ver la unidad del problema. Precisamente Santo Tomás, para subsanar una notoria insuficiencia de aquella bipartición, habló, como tercera especie, de una justicia social, en forma tal que, agravando el artificio analítico de lo que no ha de atomizarse para conocerse, sino, al revés, totalizarse para comprenderse, vino a dar en el fundamento para una superación.

La teoría egológica recoge la idea tomista de la socialidad de la justicia, pero proyectándola sobre la totalidad del problema para eliminar toda subdivisión y, con ello, para eliminar todo residuo del planteo de una justicia como virtud individual. Pues no puede mantenerse la justicia social enfrentada a las dos formas clásicas de justicia individual, porque si se habla de verdadera justicia, todas, que dirían lo mismo, son una: y esta no puede menos que ser social por naturaleza.

En efecto, el fundamento de la socialidad de la justicia no está, como dice la idea tomista a fin de construir una especie aparte frente a las dos especies tradicionales, en una hipostática comunidad diferente de los individuos que la componen, sino en la naturaleza coexistencial de la existencia humana. El individuo puro y la sociedad pura, escribe Natorp, son dos abstracciones;

solo existe el hombre en sociedad; ¿qué sería del hombre como tal, sin la comunidad, cuando de esta toma lenguaje, costumbres, creencias y conocimientos? Y agrega, destacando certeramente la cultura como un objeto comunal: en la comunidad yace y se conserva la cultura; allí ella es un objeto dado para que todos la hagan suya. La profunda distinción de Ortega y Gasset entre lo social y lo interindividual (en lo social, cada uno es un alguien impersonal, "un cualquiera" que no nos acompaña, sino que integra la circunstancia vital de nuestra existencia; en lo interindividual, el "otro" conserva su personalidad plena y articula el modo de ser "en compañía" de nuestra vida individual, a la par de nuestro modo de ser "en soledad") y su noción, no menos profunda, de que las creencias son una realidad social en que el hombre *está siendo* —la creencia es el modo de presencia de las cosas latentes—, aclaran decisivamente el carácter social de la verdadera justicia.

En consecuencia, justicia social quiere decir, a la par, justicia para todos y en todo lo que cada cual hace como copartícipe interferido por los demás en su existencia coexistencial (aspecto óntico de la socialidad de la justicia), al propio tiempo que justicia histórica según el módulo de las valoraciones colectivas vigentes de signo positivo (aspecto ontològico de la socialidad de la justicia). En esto último no se trata del mero hecho social de las valoraciones vigentes como creencia imperante, pues así también es un hecho social la justicia antisocial de una época en el sentido de ser injusticia social. Se trata de que las valoraciones colectivas vigentes de signo positivo convienen a todos los componentes del cuerpo social (y no únicamente a algunos), porque la coexistencia es entre todos; y convienen a todo lo que cada cual es para el Derecho (y no únicamente a alguna calidad abstracta de cada cual) , porque va jugado el hombre en su realidad plenaria. Se trata, pues, de un sentido *de mejorar* a todos en todo. Solo que esto *mejor,* por mejor que fuere, no puede ser inventado e impuesto, sino que tiene que ser históricamente vivido ya de algún modo, porque solo condicionados históricamente llegan los valores al hombre: si se ha presenciado la oposición de los esclavos para salir de su mísera condición, ¡cuánta mayor oposición habría para seguir una fórmula de justicia alquitarada en el aislamiento de la torre de marfil!

Pero, ¿qué ser intrínseco tiene esto *mejor*, para ser justicia y no injusticia?

La definición griega del hombre como animal racional, no ha perdido su fuerza, afirma hoy Cassirer. Por el contrario, la ha acrecentado, desde que ya no se incurre en el error secular de identificar la vida humana con la razón, sino que se coloca a la razón solo como uno de los componentes esenciales de esa vida. Cuando Heidegger nos dice que la característica óntica del hombre es la de ser ontológico, el existencialismo ratifica profundamente lo que puede estar aludido en la noción del hombre como animal racional.

Si la verdadera justicia ha de ser la razón suficiente que racionalice el Derecho, ¿qué es razón suficiente y cuál sería entonces la verdadera justicia?

En contra de la gran tradición greco-occidental, Weber, Kelsen, Radbruch, creen que es imposible determinarla, porque la justicia sería un contenido irracional que emerge históricamente de lo más profundo de la personalidad, así o asá. La clásica definición "dar a cada uno lo suyo", por su intrínseca vacuidad, estaría condenada a no poder determinar qué es lo suyo de cada cual, por siempre.

Pero Heidegger, convalidando a Aristóteles, nos habla de una razón de existencia, de una razón de esencia y de una razón de verdad, como los tres modos del principio de razón suficiente, que él arraiga en la estructura de la vida plenaria.

Sobre esta base, la teoría egológica constituye las tres preguntas siguientes:

1) ¿Cuál es la razón de existencia de la Justicia?, es decir, ¿qué es aquello que la hace ser de cuerpo presente y no mero fantasma incorporal de trasmundos platónicos o simple punto matemático de una razón metafísica que proyecta siempre solo su sombra hacia adelante?

2) ¿Cuál es la razón de esencia de la Justicia?, es decir: conteniendo la esencia del valor, una bipolaridad, ¿qué es aquello que la hace consistir en algo que sea Justicia precisamente porque podría ser injusticia, y no en algo, como la esencia de los entes, cuya inmutabilidad excluye de su consistir una descalificación semejante, en cuanto que su ser no se apoya en la posibilidad de ser lo contrario?

3) ¿Cuál es la razón de verdad de la Justicia?, es decir, ¿qué es aquello que otorga fuerza de convicción a algo como verdadera justicia y que, precisamente en tanto que razón de convicción, puede tener la intersubjetividad universal de la verdad?

Y aunque los tres aspectos del fundamento aparezcan compenetrados en la unidad del problema de la Justicia, la teoría egológica responde a estas preguntas de la siguiente manera: Fundamento de existencia de la Justicia es la libertad, porque eso es el hombre radical e íntimamente. Fundamento de esencia de la Justicia es la creación, porque en eso la libertad difiere del inmóvil ser del ente. Y fundamento de verdad estimativa de la justicia es la razón que, por desarrollarse como identidad, puede señalar lo igual.

Mas una razón inmanente a la libertad, no es una igualdad sino una igualación que implica deshacerse acto continuo por el propio despliegue de la personalidad libre, hasta ser otra vez reconstituida por una nueva creación, deshaciéndose de nuevo, y así sin término. Según esto, la verdadera justicia consiste en la creación de igualaciones de libertad como puntos de partida sucesivamente renovados. Lo suyo de cada cual es lo que a cada uno le falta para estar en iguales condiciones de libertad con quien lo interfiere, en el momento de la interferencia de las conductas. En vez de dar más, en proporción, al que tiene más méritos, como afirmaba Aristóteles, la verdadera justicia consiste en dar más a los que están más abajo, para igualar el punto de partida en el presente vital.

Y así la egología hace comprender el fundamento existencial del valor supremo de la personalidad humana en el Derecho; del valor de ese hombre cuya dignidad intrínseca lo constituye en un fin en sí, como dijo Kant con sencilla grandeza. Está en juego esa esencial nobleza de toda vida, aun de la que durante su existencia menos nobleza ha mostrado; nobleza de la vida en sí que, como bellamente comenta Ferrater Mora, solo la muerte nos la hace intuir, al segarla, cuando desvanece para siempre toda posible ignominia de la vida.

# CAPÍTULO XIII

## EL PROBLEMA PERI-SISTEMÁTICO DE LA GNOSEOLOGÍA DEL ERROR

### (Introducción al Tema)

Las dieciséis proposiciones precedentes presentan en su vinculación sistemática, esto es, destacando la relación de planos que guardan las unas con las otras, el temario objetivo (y las soluciones egológicas) de una Filosofía del Derecho que, por girar en torno de la Ciencia Dogmática del Derecho esclareciendo, en su ronda, todos los presupuestos de esta, lleva, como Filosofía, la garantía de ser un temario unitario y completo.

Se colige, pues, que estos problemas son los problemas *mira-sistemáticos* de una Filosofía de la Ciencia del Derecho, queriendo significar con ello, como la locución bien lo expresa, que son problemas que están dentro de la revisión específica de nuestra ciencia, ligados los unos a los otros por relaciones filosóficas interdependientes. En tal sentido, estos problemas jusfilosóficos son temas para la ciencia jurídica; Lemas pre-temáticos, condiciones de su posibilidad, presupuestos latentes de la ciencia o como quiera llamárseles, pero siempre temas para ella, porque son internos a su preocupación y, esclarecidos, le despejan sus horizontes y abren el camino para que el jurista lleve a cabo su marcha sin extravíos. Eso sí: no temas científicos de la ciencia jurídica, sino solo temas filosóficos en ella en razón de la naturaleza de los mismos; pero siempre temas internos de la ciencia, porque están dando directamente un punto de apoyo a la enunciación del científico.

Pero hay otro problema que integra el temario de la Filosofía de la Ciencia del Derecho en forma *peri-sistemática.* Este nuevo problema concierne al sistema, pero ya no como determinación de la verdad dogmático-normativa y sus fundamentos en el enlace armónico de todo aquello en planos de diversa naturaleza. Este problema es el siguiente: La ciencia dogmática, en cuanto punto de partida de la reflexión jusfilosófica, es un producto histórico de la libre creación cultural. En tal sentido, esta historicidad de nuestra ciencia no es un problema del objeto (el Derecho) acerca del cual discurre la ciencia, sino que es un problema que afecta ahora a la ciencia como tal, al estar arrastrada por el movimiento de la historia y por emerger de este movimiento; similarmente a como si consideramos un náufrago que la corriente arrastra en una madera salvadora, una cosa es el cambiante paisaje que a su vista se le ofrece (objeto empírico a conocer), otra cosa son los supuestos intra-sistemáticos de este conocimiento, entre los cuales cuentan no solo las esencias de los entes que componen el paisaje, sino que también la flotante madera en que se apoya el náufrago, y una tercera cosa es la corriente marina en que flota y que lo desplaza, cosa, esta, peri-sistemática de lo anterior, que, si bien explica la aparición de nuevos horizontes, no explica lo que ha de encontrarse en ellos ni la validez de nuestro juicio a su respecto.

Pero las metáforas siempre son perturbadoras. Nos basta con señalar, como problema, la historicidad de la ciencia jurídica —nuestro punto de partida jusfilosófico—, por ser una libre creación cultural; y con destacar que esta historicidad es un problema externo al interés científico del jurista, precisamente por ser un problema interno a la propia ciencia como tal que él constituye con su labor.

Expliquemos los fundamentos de este punto, que nos es indispensable, sobre el hecho conocido de que una verdad acerca de la Naturaleza se expresa en un juicio independiente del sujeto que hace la enunciación, en tanto que una verdad sobre la cultura se expresa en un juicio no independiente. Una verdad sobre la Naturaleza, por ser neutra al valor, se expresa en un juicio independiente del sujeto que hace la enunciación, en el sentido de que si yo digo que la Tierra gira en torno del sol, esta verdad no depende en ningún grado de mí, y, como yo mismo no estoy comprendido en ella, la Tierra seguirá girando en torno del sol, aunque yo lo ignore y aunque jamás hubiere llegado a formular la enunciación. En cambio, una verdad jurídica —y lo mismo cualquier otra verdad de contenido cultural—, por ser de substancia axiológica, se expresa en un juicio no independiente del sujeto que la enuncia y su alcance no está completo hasta no abarcar la correspondiente referencia al sujeto de la enunciación. Así, si yo digo que la Venus de Milo es hermosa, esto significa que lo es para mí o para alguien; o si yo digo que un abrigo de pieles es útil para proteger del frío, esto significa no solamente que es útil para algo, sino también para alguien (para mí o para otra persona), pues no lo es para el oso blanco. De la misma manera, si un juez condena a un delincuente a 5 años de prisión, esto significa no solamente que hay proporción entre el entuerto y el castigo como si se tratara de una proporción independiente que concerniera únicamente a estos dos términos, sino también que esa es la propia proporción del juez; es decir, que la sentencia es justa para el juez de acuerdo a cómo vive él el sentido de la justicia; y, a su vez, si yo, jurista, afirmo que esa sentencia es justa, esto significa nuevamente no solo que hay proporción entre la transgresión y el castigo, sino también que esa es mi propia proporción, es decir, que la sentencia es justa para mí de acuerdo a cómo vivo yo el sentido de la justicia, pues no es justa para los ganados de la pampa (hipótesis que carecería de sentido) y acaso tampoco lo sería para los salvajes del África central (hipótesis en que el sentido se viviría de otra manera). Todo esto es así porque la referencia a un sujeto es de la esencia del valor: valor es siempre valor para alguien. El carácter valioso de algo solo surge en él cuando entra en relación con una conciencia valoradora, dice acertadamente Hessen, reconociendo un hecho admitido por todos los axiólogos que hablan del problema con actualidad. No se puede eliminar del concepto de valor, una relación para con un espíritu determinado. Esto no significa que el sujeto valorante implicado en la relación pueda decidir a su gusto qué es valioso y qué no lo es; significa únicamente que el valor existe en y por la experiencia espiritual de la conciencia de un sujeto; que no existe en el aire, como cosa en sí, cual lo han presentado, con hipóstasis reconocida, Scheler y Hartmann[1].

---

1 Esta increíble confusión entre el hecho de que la existencia del valor reclama la conciencia de un sujeto valorante *y* la idea de que esta subjetividad significa que el sujeto podría decidir a su gusto qué es valioso y qué no lo es, constituye la principal deficiencia del ataque que, en la Argentina, dirigen a la axiología egológica algunos juristas muy distinguidos como Sebastián Soler, Ricardo C. Núñez, Alfredo Orgaz, Luis Jiménez de Asúa y otros. Es Soler quien ha definido las líneas con más pretensiones jusfilosóficas, en un trabajo nutrido de erudición no asimilada (*Los Valores jurídicos,* en Revista Jurídica de Córdoba, año I, N.° 2, 1947); y hablo de una erudición no asimilada, porque el preclaro

Y bien, el hecho de que la verdad jurídica comporta un juicio no independiente del sujeto que lo enuncia, en tanto que la verdad naturalística o matemática cursan en un juicio independiente, acarrea una consecuencia muy importante en lo que concierne al problema de la verdad y de la objetividad en uno y otro ámbito.

La verdad se define fenomenológicamente como la adecuación entre el concepto del objeto y la intuición del objeto. A su vez, también según Husserl, la objetividad significa intersubjetividad; es decir, que aquello que es así para mí, lo sea también para los demás. Esto explica por qué un error de gran circulación ya es, a su turno, un hecho social, vale decir, un hecho objetivo en el ámbito sociológico. En cuanto toda ciencia es cultura, comprendemos por eso que la teoría astronómica de Ptolomeo integre la historia de la Astronomía, viendo, con ello, que la historia de una ciencia es no solamente una historia de verdades, sino que también lo es una historia de errores. Con todo, no olvidemos que la objetividad, siendo intersubjetividad, no está en el hecho natural del fenómeno astronómico, sino en el hecho cultural de la ciencia astronómica que se dirige a aquel fenómeno. En cambio, tratándose de un fenómeno social, la objetividad, siendo intersubjetividad, está presente dos veces: una en el propio fenómeno a conocer, que es cultura (por ejemplo, el Derecho que tiene un pueblo y que es conducta), y otra en la ciencia jurídica que trata de conocerlo (y que es otro fenómeno

---

criminalista, a pesar de la bibliografía que da para respaldar su ataque, se mueve dentro de la simple y primitiva oposición de subjetivismo y objetivismo de los valores, en el duelo Meinong-Ehrenfels, tal como lo narró Ortega y Gasset hace un cuarto de siglo en la "Revista de Occidente". Soler no ve que este dilema está superado —con superación confirmada— dentro del existencialismo porque la conciencia de un sujeto valorante como constitutiva de la existencia de un valor, no significa que el sujeto mismo sea la medida del valor. Pero la crítica de Soler y de sus compañeros de polémica, carece de importancia porque es de carácter ideológico, en la vana tentativa de defender el racionalismo jurídico a que están adscriptos. Esto ha sido puesto en claro por la escuela egológica, en forma indubitable, analizando el error de su tesis principal que dice lo siguiente: derecho penal liberal significa un juez aplicador mecánico cíe la ley, y derecho penal totalitario significa un juez creador de derecho en su menester judicial. (Ver sobre el punto: Cossio, *El Principio "Nulla poena sine lege" en la axiología egológica,* publicado en *La Ley.,* tomo 48, Buenos Aires, 1947; en el *Boletín de la Academia de Ciencias Políticas y Sociales,* tomo XII, Caracas, 1947; en *Revista Jurídica* N.° 43, Cochabamba, 1948 y en *Revista de Jurisprudencia Peruana,* N.° 51, Lima, 1948). Ver también ENRIQUE R. AFTALIÓN, *El saber de los juristas como conocimiento por comprensión,* en *La Ley,* tomo 49. Buenos Aires, 1948; JULIO CUETO RÚA, *El racionalismo, la egología y la responsabilidad de las personas jurídicas,* en *La Ley,* tomo 50, Buenos Aires, 1948; y LORENZO CARNELLI, *El Conceptualismo y el Derecho procesal,* en *La Ley,* tomo 51, y *El Juez como objeto del Derecho,* en *La Ley,* tomo 52, Buenos Aires, 1948.)

de cultura, similar a la ciencia del astrónomo). Esta y aquella ciencia son inseparables del sujeto, porque son actos del sujeto dirigidos por la valoración de la verdad; pero, además, solamente el fenómeno social al cual apunta la ciencia jurídica es inseparable del sujeto porque es acto de sujetos dirigidos por la valoración de justicia.

Esta doble presencia de la objetividad plantea el problema de la objetividad de una manera especial en una ciencia como la jurídica. En efecto; así como todo juicio contiene, por significación, la pretensión de verdad, así también toda verdad contiene, por esencia, la pretensión de objetividad. Pero tratándose de una verdad enunciada en un juicio independiente del sujeto que la enuncia, el proceso de objetividad —que siempre es de intersubjetividad— solo reclama una actitud pasiva de los otros sujetos, bastando para ello el enunciado y el simple ver lo enunciado por los demás. Por eso se ha podido creer, con error, que la mera verdad natural o matemática es, de por sí, objetiva; es decir, que la verdad y la objetividad fueran la misma cosa. Lo cual no es exacto, porque la objetividad exige siempre una actitud de los demás, aunque en este caso esa actitud sea pasiva. Precisamente se requiere una actitud no pasiva para conferir objetividad a un error científico de tipo naturalístico o matemático, como ocurrió con la teoría astronómica en el proceso a Galileo. Lo que puede decirse, sí, es que la objetividad subsigue sin desdoblamiento de instancia, a la verdad naturalística o matemática, en razón de que exige de los demás una actitud simplemente pasiva; pero nada más.

Otra cosa ocurre, en cambio, tratándose de la verdad jurídica. Aquí se presenta desdoblado el proceso de verdad y objetividad, porque se trata de una enunciación por comprensión que no es independiente del sujeto que la formula; es decir, donde el sujeto, por estar comprendido en la enunciación, no guarda una actitud pasiva respecto a lo enunciado, sino que interviene activamente con su propia actitud en la constitución de aquello que enuncia, de modo que su propia actitud está sirviendo de medida calificativa respecto de aquello cuyo ser se enuncia. Por eso no basta lo enunciado en cuanto correspondencia entre concepto e intuición (proceso de la verdad), sino que, además, se requiere que el enunciar mismo —ese enunciar con tal enunciado como contenido— sea un hecho social, vale decir, intersubjetivo; vale decir, objetivo él mismo (proceso de la objetividad). La objetividad de una verdad jurídica reclama una actitud activa coincidente, o lo que es lo mismo, una valoración coincidente por parte de los demás que la aceptan, ya que cada cual tiene que aportar la misma medida constituyente de aquello que se enuncia. La sentencia de un juez puede aparecer como verdaderamente justa para el propio juez, si hay adecuación entre ella y la intuición de la justicia con que comprende el juez los actos que ha juzgado; pero no aparecerá como objetivamente justa si, además, los otros hombres no viven la justicia con el mismo sentido con que la vive el juez. En la verdad jurídica no basta el proceso individual de la verdad en cuanto acuerdo entre intuición y concepto, al cual le sobreviene por añadidura el proceso intersubjetivo de la objetividad a través de la actitud pasiva de los demás. En la verdad jurídica, el proceso de la objetividad integrante de la teoría de la verdad, reclama una actitud con cierto contenido activo por parte de los demás; lo que es un nuevo hecho perfectamente definido, integrante, por acoplamiento, de aquel que es motivo de la enunciación. Y por eso, en la verdad jurídica, el proceso de la verdad y el de la objetividad, aparecen desdoblados, aunque se co-impliquen intencionalmente[2]. También con esto se evidencia la mucha mayor acentuación histórica que tienen las verdades culturales, comparadas con

2 Corroboremos marginalmente este análisis, con una importante glosa estudiada por nosotros en otra oportunidad. Los esfuerzos del siglo XIX por encontrar un método de interpretación de la ley nacieron con la intención y pretensión de la verdad científica. Interpretar la ley significaba conocerla; y se buscaba un procedimiento o receta metódica que, aplicado sobre la ley, la dejara a esta esclarecida y lista para ser aplicada a los casos concretos. La teoría egológica ha hecho ver que todos estos intentos, en cuanto verdad jurídica, son radicalmente falsos, porque quieren substituir la conciencia del juez por la receta metódica, olvidando que no se puede prescindir de la conciencia del juez porque la verdad jurídica es un enunciado no independiente de la conciencia de quien lo enuncia. Entre estos métodos, ninguno más fácil de evidenciar en sus falacias que el método exegético, cuando remite la significación que la ley es a la intención del legislador que la ha sancionado. Y así el método exegético figura como la constante primera víctima de todas las sucesivas escuelas, aplastado por refutaciones ilevantables. Sin embargo, a pesar de ser falsa como verdad, la exégesis sobrevive en la experiencia. ¿Cómo explicar este hecho? Pues sencillamente de esta manera: A pesar de su intención científica acerca de la verdad, es otra la función cumplida por los métodos: es una función de objetivación haciendo ver que otros, y no solo el intérprete judicial, piensan o han pensado de esta o aquella manera, principalmente cuando se trata de leyes nuevas sobre las que no hay todavía jurisprudencia sentada. Nada más adecuado entonces que invocar la opinión coincidente del legislador para evidenciar una intersubjetividad. Por eso la interpretación exegética pierde fuerza frente a leyes viejas o es inoperante frente a jurisprudencia sentada en sentido divergente. Pero el proceso de objetivación que puede cumplir es evidente.

las verdades físicas o matemáticas ,en cuanto en ellas la objetividad integrante de la verdad exige, no una actitud neutra o pasiva por parte de los demás, sino una actitud positivamente determinada en su contenido; actitud que, ciertamente, por fuerza tiene su contenido dado por la historia. Considerando la historia de una ciencia cualquiera, es en el problema de la objetividad donde está el tendón de Aquiles del problema histórico de esa ciencia; y, como acabamos de ver, esto se sensibiliza superlativamente tratándose de una ciencia cultural como es la Ciencia Dogmática del Derecho.

Y bien; ¿cómo y en qué medida integra el sistema de la Filosofía científica del Derecho este problema que intercala la historia?

Entendámonos, primero, en esto de la historia. No se trata de la historicidad del Derecho mismo como objeto, de su mudanza en el tiempo según aparece en distintos pueblos y épocas, de su transformación constante, de la diversidad de sus instituciones, de la variabilidad de su presencia en perpetuo fluir, de la multiplicidad de sus manifestaciones en maduración interminable, etc. Todo esto es la historicidad del objeto que el jurista quiere conocer y, en tal sentido, esta historicidad forma parte del capítulo ontolóigico de los problemas intra-sistemáticos porque se debe a la sustancia humana, cultural o espiritual, del fenómeno mismo. El problema peri-sistemático no se refiere a la historicidad óntico-ontológica del Derecho —dato real de lo justo y de lo injusto—, sino a la historicidad de la ciencia jurídica, en cuanto que compromete nuestro criterio de verdad acerca de la posible aprehensión cabal y neutral de aquel dato.

Pero también hay que entenderse en esto de la historicidad de la ciencia jurídica. No se trata de tomar las diversas teorías y sistemas elaborados por los juristas en su función de hombres de gabinete, para explicar, del modo más inteligible, por que un esfuerzo doctrinario aparece a continuación de otro, en razón de las insuficiencias de este como conocimiento o de las novedades fenoménicas que han surgido en la experiencia social. Esta presentación de un desarrollo espiritual (el de la ciencia del Derecho), haciendo lúcida o inteligible la con naturalidad del desarrollo mismo, es la tarea de la ciencia histórica en cualesquiera de sus manifestaciones; y en tal sentido nuestro asunto sería un capítulo de la historiografía de la cultura, sin ningún interés temático para el jurista como jurista y sin ninguna conexión con el objeto de la Ciencia Dogmática del Derecho; por lo cual no es tampoco un problema que integre el sistema de la Filosofía de esta ciencia.

Pero la historicidad de la ciencia jurídica se nos hace un problema de esta naturaleza, no bien consideráramos aquella historicidad el revés de cómo la considera el historiador, es decir remontando desde el pensamiento teórico del presente a los pensamientos teóricos del pasado, para decidir el título a la verdad que tenga cada cual. Pues acá media un extraño aspecto de la ciencia jurídica que legitima este planteamiento y que garantiza a este problema su participación en el sistema de la Filosofía de la Ciencia del Derecho.

En efecto; la verdad jurídica, por referirse a una experiencia de libertad, no nace apoyada simplemente en su dato empírico, como es el caso de la Física, por ejemplo; sino que nace siempre apoyada en parte en el error, al afirmarse también sobre el rechazo *temático* de las opiniones discrepantes en actitud polémica. Mientras para el astrónomo o el químico, una teoría periclitada es simplemente un error y como tal es únicamente un pensamiento falso del que se desliga con solo prescindir de él; para el jurista, una teoría periclitada es, además de un error, un obstáculo vigente, por lo cual es un pensamiento falso del que no se desliga desatendiéndolo, sino, al revés, atendiendo a él en la forma polémica de una negación articulada sobre él. O dicho de otra manera: mientras un dato de experiencia irreductible a una teoría física, cancela automáticamente la vigencia de esta teoría, porque su mera presencia consuma tal irreductibilidad; un dato de experiencia (por ejemplo, una determinada institución) irreductible a una teoría jurídica, no cancela automáticamente la vigencia de esta, porque ahora la mera presencia del dato no aclara suficientemente aquella irreductibilidad (y no cancela la vigencia de la teoría, sea porque la teoría repose en una diferente valoración jurídica, sea porque la teoría no haya descendido hasta el plano óntico-ontológico del Derecho, de modo que podría mostrarse perfectamente coherente consigo misma en su limitado campo, sea, en fin, porque la auto-enunciación que para el dato mismo es la fórmula utilizada por el legislador, no corresponda a la realidad del dato, dándose con ello una presencia aparente junto con la presencia real y sirviendo entonces las palabras legales de soporte a la teoría); por cuya razón una nueva teoría jurídica no solo ha de apoyarse en el dato de experiencia, sino que además ha de pasar la escoba sobre la teoría periclitada mostrando dónde está su error. Si esto es una situación transitoria o una situación connatural al tipo dogmático de conocimiento jurídico, no es el caso de decidirlo ahora. Pero es bastante para explicar la paradoja de que la historia de la ciencia jurídica sea parte integrante de la formación científica del jurista: mientras la historia de la Astronomía no es un problema del conocimiento astronómico, la historia de la Ciencia del Derecho sí lo es del conocimiento jurídico.

¿La historia de la Ciencia del Derecho? Es claro que no rigurosamente como historia, sino como gnoseología del error, según acabamos de puntualizar. Pues haciéndonos cargo de esa historicidad de la ciencia jurídica que es menester tomar en cuenta, el criterio historicista de la verdad, disolviendo la verdad en la historia, habría de decir que cada enunciación científica, *en su momento,* vale y significa lo mismo que otra, ya que, en tanto que productos históricos, no pueden desligarse en ellas, la enunciación y el momento histórico en que nacen.

Pero, ¿es que nada cabe decir frente a este relativismo que disuelve, sin residuos, la ciencia en la historia? ¿Se ha de aceptar, sin más, que cada verdad científica no tiene otro sentido que el de ser un punto de vista, efímero y transitorio, que los hombres de un momento tienen sobre los hechos y que —he aquí lo grave— el significado mismo de cada enunciación significa también el de su propia substitución por otro punto de vista, en razón del mero transcurso del tiempo? En este caso, la significación no solo mienta el objeto pensado, sino al propio tiempo también su substitución por otra significación ulterior, ya que solo bajo esta condición podría haberse constituido aquella significación. Este es el tremendo relativismo de la doctrina de la verdad de cuño historicista; relativismo mucho más grave para la Ciencia del Derecho que para la Física, porque si en la Ciencia del Derecho la propia verdad se integra con aquella historicidad de la ciencia, según hemos reconocido, ¿cómo asignar un lugar a la historicidad de la ciencia, dentro de una doctrina filosófica de la verdad que no la disuelva en la historia?

Para la Física, hay, desde aquí, un puro problema filosófico, del cual el científico puede desentenderse, prosiguiendo su tarea cualquiera fuere la solución que el filósofo le dé. En tal sentido, como la historia de la Física no es un problema del conocimiento físico, puede la Filosofía decir al relativismo que una cosa es la Historia y otra cosa es la Física. Pero en la Ciencia del Derecho, el problema no es todavía filosófico porque la verdad jurídica emerge apoyándose, en parte, en la ciencia misma, históricamente producida; por cuya razón la Filosofía no podría, en este momento, intentar todavía, la misma solución sin destruir el objeto que habría de salvar; es decir, que para independizar la verdad jurídica, no se puede decir, aquí, que una cosa es la Ciencia del Derecho y otra cosa es la historia de la Ciencia del Derecho, porque la verdad que aquella enuncia se integra, en parte, —principalmente en el proceso de la objetividad— con esta historia, al nacer apoyándose sobre s rechazo *temático*.

Así, pues, nuestro problema no radica en el hecho de un determinado régimen jurídico, el cual es como es, según aparece en la experiencia histórica y el cual se produce, asimismo, hayan o no hayan juristas que intenten conocerlo científicamente. Nuestro presente problema radica en el hecho de que el jurista, en tanto que científico, pretende saber la verdad acerca del Derecho positivo, para lo cual ejercita siempre algún criterio de verdad, cuyo funcionamiento fundamentaría que lo que él enuncia como verdad del Derecho positivo es, efectivamente, una verdad. En consecuencia, nuestro problema consiste, entonces, en determinar si ese criterio de verdad también tiene naturaleza metafísicamente histórica o no. Está en juego la pregunta, ¿qué es la verdad jurídica?, la que se presenta en la ciencia jurídica con una nota constitutiva diferencial a la verdad física de la ciencia física, según acabamos de verlo. Y si el criterio de verdad jurídica fuera de naturaleza metafísicamente histórica, entonces nuestra verdad se disuelve en historia, y entonces las afirmaciones de un jurista, de una determinada época, sobre el Derecho positivo, no podrían ser tachadas de errores metodológicos —sino solo de errores metódicos[3]—, resultando infundada la polémica de principios con que emerge la ciencia jurídica, porque esas afirmaciones no solo se habrían vivido subjetivamente como verdad en su época, sino que, además, objetivamente serían toda la relativa verdad

3 Error metódico es un error de hecho en el método; es decir, es el mal empleo de un método correcto al incurrir en un sofisma formal (contravención a las reglas del razonamiento) o en un sofisma material (mala constitución de las premisas por ignorancia, defecto de observación de análisis, etc.). Error metodológico es un error de lógica trascendental por el uso de un método inadecuado a la naturaleza óntica del objeto que se quiere conocer.

jurídica que en esa época podía ser. En cambio, si el criterio de verdad jurídica superara al historicismo, se explica la polémica de principios contra los errores metodológicos, pero queda todavía por explicar por qué esa polémica es constitutiva de la posibilidad de la verdad jurídica, en el sentido diferencial antes señalado de que el error es ajeno a la verdad física y no lo es a la verdad jurídica.

Es en este punto que aparece la presentación egológica de la historia de la Ciencia Dogmática como gnoseología del error y —sin equivalentes en el conocimiento físico— la gnoseología del error jugando un papel positivo en la constitución de la verdad jurídica. La idea verificable de que la verdad jurídica emerge apoyada en parte en los errores superados, abre una desconocida vía filosófica para vencer el relativismo historicista, porque consigue asignar a lo histórico de la ciencia, como error, un lugar *dentro* de la verdad. Al asignar al error como error un lugar dentro de la verdad jurídica —en cuanto que esta se apoya, positivamente, en su dato empírico, y negativamente, en las teorías superadas—, no se elimina la historia ni se disuelve la verdad en la historia. Si la historicidad entra en el concepto jurídico del científico como error y no como verdad, la verdad queda asegurada contra toda disolución historicista, a pesar de haber acogido en su seno a la historia de sí misma sin ninguna mutilación. La Filosofía tiene, con esto, para el historicismo, una respuesta peculiar que se acomoda a la índole de la ciencia jurídica y que no es la respuesta en boga, válida acaso para la Física, pero dentro de la cual el jurista zozobra porque él no puede decir, sin más ni más, que una cosa es la Ciencia del Derecho y otra cosa la historia de esta ciencia: la verdad jurídica adquiere una peculiar solidez, cuando nos llega apoyada también en el rechazo temático de los errores superados. Esto es una experiencia de la que todo jurista tiene una evidencia inmediata.

Ahora ya podemos articular con claridad el oscuro problema que estamos planteando:

1) El historicismo, como criterio de la verdad, disuelve la verdad en la historia y, con ello, pone en jaque la idea de ciencia. Este problema pertenece a la Filosofía general; y aunque no se lo niegue como problema, dejando a la Filosofía la tarea de afrontarlo, corresponde a la Filosofía de la

Ciencia del Derecho la empresa de apartarlo de la ciencia jurídica, elaborando una teoría de la verdad jurídica que permita al jurista lomar una actitud tan libre a su respecto como la que toma el físico en su ámbito.

2) El historicismo no crea problemas a la Astronomía, por ejemplo, que se ocupa de los astros y no de sí misma, pues una cosa son los astros y otra la ciencia astronómica y su historia. La historia de la Astronomía, a través de su situación presente, incide sobre el astrónomo; pero esta incidencia no se transvasa, con total inmediatez, a los astros, porque los juicios que formula el astrónomo sobre los astros son juicios de sentido independiente respecto del sujeto que los enuncia.

3) La Ciencia del Derecho no puede liberarse del historicismo con semejante recurso, diciendo que una cosa es el Derecho (comportamiento institucional de los hombres) y otra la Ciencia Dogmática y su historia, porque la historia de la Ciencia Dogmática, al incidir también aquí sobre el jurista, incide ahora con inmediatez sobre el objeto Derecho a través del jurista, en cuanto los juicios que este emite sobre el objeto no son independientes de quien hace la enunciación. Con error se cree que la dificultad proviene de la historicidad del Derecho, en cuanto que una institución actualiza de algún modo toda su historia; pero no es así, porque esto es peculiaridad óntico-ontológica de nuestro objeto y, para superar el problema pertinente, basta deslindar sus características eidéticas y proveerse de los medios de conceptuación adecuados a un ente histórico. La dificultad no proviene, pues, de la historia del Derecho, sino de la incidencia, en el contenido del conocimiento dogmático, de la historia de la Ciencia del Derecho. La paradoja resultante es visible: Aunque el propósito del juicio del jurista es referirse al Derecho, incluyendo de algún modo la correspondiente formación histórica que lo integra, el juicio se refiere también al propio jurista como científico[4],

4 Es claro que corresponde limitar nuestra tesis, a la descarga que, incidiendo sobre las enunciaciones del jurista, provienen de su concepción de la ciencia jurídica como teoría *y nada más*. Lo que el jurista descarga como valoraciones al comprender la conducta institucional de los hombres, o es el sentido histórico del objeto Derecho y pertenece al problema ontológico, o es una ideología política y carece de toda relevancia para el conocimiento. En cambio, la descarga, también históricamente formada, que provenga de la noción de

y este implica una formación histórica de naturaleza heterogénea a la de aquella otra intención. ¿Cómo, entonces, compaginar en la verdad jurídica la intención juzgativa, que es una, con la enunciación resultante, que es doble y heterogénea? Evidentemente que la enunciación de la verdad de una cosa excluye la enunciación acerca de dos cosas como verdad si estas cosas fueren heterogéneas. Y el problema está en no excluir de la enunciación la segunda cosa, porque es inseparable de la primera, no obstante que la enunciación de verdad solo pueda ser una.

4) Como la ciencia jurídica no puede dar la misma respuesta que hemos visto dar a la ciencia física, los filósofos de la cultura creen que, en este problema, el historicismo plantea al conocimiento jurídico el mismo problema de disolución de la verdad en la historia que el conocimiento filosófico tiene planteado como una aporia, o poco menos. Esto significaría que no se podría hablar de la verdad jurídica mientras no se pruebe que cabe hablar de una verdad filosófica, y por la misma razón. Sin embargo, esta intromisión de la Filosofía para pronunciarse sobre los problemas propios de una ciencia, reemplazando a la ciencia, denuncia el viejo y conocido vicio metodológico de filosofismo, cuyo "pendant" lo vemos en el vicio de cientificismo, cuando la ciencia quiere reemplazar a la Filosofía en los problemas filosóficos. Para comprender lo que habría, en aquello, de falso planteamiento, basta advertir que el jurista prosigue su tarea de científico sin esperar que el filósofo le pueda dar, previamente, su visto bueno acerca del carácter veritativo de lo que hace. Este carácter veritativo también es solicitado a la experiencia, y solo a ella, por parte del jurista científico.

5) De todo lo precedente, resulta clarísima la urgencia filosófica de separar, como problemas, los que plantea la verdad a la Filosofía y los que plantea a la Ciencia Dogmática del Derecho, de modo que quede el historicismo como asunto de la primera, a fin de que el jurista pueda, a ese respecto,

---

su ciencia que el jurista tenga (método, categorías de la conceptuación, conceptos puros, estratos e índole óntica de los problemas, etc.) , o es la forma de la verdad, que no se fundamenta en la historia sino en el análisis gnoseológico y en su adecuación a la experiencia jurídica; o es un error superable cuya presencia tiene exclusivamente una explicación histórica dentro del alma del jurista.

tomar la misma actitud que el físico, aunque diciendo otra cosa que le sea específica y adecuada a las modalidades de su saber.

A esto viene la tesis egológica de que la verdad jurídica se hace cargo de un hecho institucional y, además, de un error, cuando tal es el hecho histórico de los juristas como científicos. La verdad física se hace cargo de un hecho y nada más, aunque de ella se infiere un *error homogéneo* para toda proposición contraria a su enunciado. Pero la verdad jurídica se hace cargo de su correspondiente hecho y, además, no infiere, sino que se refiere a un *error heterogéneo,* cual es el hecho (le las teorías jurídicas superadas en que está el jurista. Aquí, en este segundo aspecto, se ubica la incidencia de la historia de la Ciencia del Derecho en la verdad jurídica, pero como gnoseología del error[5]. Con ello se

---

5 Acaso un ejemplo nos ilustre sobre el punto: Supongamos que un jurista egológico emprenda la tarea de estudiar el régimen de las personas en el Derecho argentino. Por cierto, que habrá de trabajar sobre nuestras leyes, sentencias y costumbres, no solo en cuanto que declaran perfiles externos de cierta efectiva conducta colectiva, sino también en cuanto que expresan ciertas valoraciones vivientes de tipo comunitario, respecto de esa misma conducta. Podo esto le está dado a nuestro jurista como el dato que quiere investigar y sobre el cual procede también, sin duda, alguna iluminación histórica en cuanto que ese dato se ha formado históricamente y en la medida en que esta historia subsista todavía en el dato que se considera. Para cumplir su tarea, el jurista ha de realizar operaciones intelectivas, sensoriales y comprensivas, de acuerdo con lo que liemos expuesto en el texto; siendo pertinente recordar que el ejercicio de su *comprender* lo pone en la alternativa de hablar como un ideólogo o de revivir sentidos espirituales dados, los cuales, no obstante encontrarlos directamente en su alma, son también objetivamente del grupo social del que el jurista forma parte. Para esto último, es decir para no cometer un pecado de ideología, la iluminación histórica sirve superlativamente si se sabe ser dócil al rumbo que ella indica.

Pero he aquí que nuestro jurista egológico encuentra que otro jurista lo ha precedido en su tarea. Sea el caso de un jurista racionalista que, con la teoría de la personalidad de la máscara, de Ferrara, ha estudiado también el régimen de las personas en el Derecho argentino. ¿Puede el jurista egológico prescindir absolutamente de lo que lo anoticia la obra del jurista racionalista? Indudablemente no, porque la ciencia no es una obra personal que estuviera siempre comenzando de nuevo, sino que la ciencia es una obra de colaboración que rinde un saber acumulativo. En tal sentido ambos juristas han trabajado sobre el mismo dato y sería insensato que el jurista egológico no aprovechara lo que acaso fueran descubrimientos del jurista racionalista, v. g.: conexiones normativas insospechadas, sentidos de conducta inesperados, percepción de situaciones fácticas inadvertidas, ecos históricos desconocidos, etc., amén del control que a su propio pensamiento da el paralelo con el pensamiento ajeno.

Sin embargo, a pesar de este aprovechamiento de los detalles, hay un divorcio de conjunto, porque toda la labor del jurista racionalista viene presentada y construida desde la teoría de la máscara. Esto significa que el dato está visto con desfiguramiento y que en razón del ángulo de enfoque elegido hay cosas de las que se habla erradamente e incluso de las que no cabe hablar de ninguna manera, a pesar de estar dadas como dato. Jal así,

podrá explicar el carácter polémico del saber jurídico, al propio tiempo que se compagina, en la verdad jurídica, la intención juzgativa, que es una, con la enunciación resultante, que es doble y heterogénea: la verdad jurídica no se disloca acogiendo en su seno al error como error. Por el contrario, se integra con él y gracias a él puede presentarse en la plenitud doble de su enunciación sin mengua de la unicidad de su afirmación veritativa.

Y en lo que concierne a la diferente cuestión que el historicismo crea al conocimiento filosófico, no se puede olvidar que no hay un hecho filosófico, dado a la intuición sensible como lo hay un hecho jurídico (intuición empírica de la conducta institucional); por lo cual, la historia de la Filosofía, gravitando en el filósofo, gravita con inmediatez en toda la Filosofía; en tanto que, en la Ciencia jurídica, su historia gravita únicamente en el error cuando se enuncia una verdad.

Procede, pues, como gnoseología del error, una investigación acerca de la formación histórica de la Ciencia Dogmática del

---

por ejemplo, el nexo de realidad que existe entre el hombre y la persona, en el Derecho, no puede ser aprehendido por la teoría de la máscara.

En consecuencia, esto significa que el jurista egológico, para aprovechar el trabajo del jurista racionalista, tiene que proceder a filtrarlo, es decir, a despojarlo de todo lo que sea consecuencia del punto de vista por él elegido, quedándose solo con sus referencias a los datos y con el aporte personal que sobre esta base hubiere dado. La pregunta ¿qué es ser persona para este autor? está necesariamente ínsita en la consideración de su obra que haga el jurista egológico; con lo cual se ve que este se ha encontrado, al considerar la obra del jurista racionalista, no solo con una investigación de los misinos datos que a él le interesan, sino además con una respuesta a aquella pregunta, Por esto último es que resulta polémico su contacto con el jurista racionalista; aquí es donde juega la otra historia, la historia del error como error, que no es la historia colectiva de la institución de la personalidad, sino la historia individual del intelecto de nuestro jurista racionalista, pues su enfoque deformante tiene o recibe una explicación suficiente en razón de la historia de nuestra ciencia, en la cual está el jurista como jurista y a la que él constituye con su labor.

Pero la dimensión polémica del saber jurídico y la gnoseología del error, tienen todavía un tono mucho más perentorio que el que acabamos de presentar. Basta suponer, en efecto, en nuestro ejemplo, que el legislador hubiera legislado sobre la personalidad con una noción organicista de la persona. Otra vez se presenta al jurista egológico la tarea de filtraje, para separar entre lo realmente dado por el legislador —es decir, las normas efectivamente sancionadas por él en su insustituible función específica— y lo que es deformante teoría que no alcanza a expresar adecuadamente la verdad de la tarea por él mismo cumplida. Los mismos problemas aparecen ahora en términos más agudos e ineludibles. Pues el hecho de que el legislador tenga en su mente una determinada teoría, no quiere decir que esta teoría se hace realidad porque el legislador legisle de acuerdo a ella. La realidad tiene siempre componentes ónticos y mitológicos privativos que la ciencia investiga directamente y por propia cuenta; y lo que el legislador puede dar son solo las normas que dicta y que integran esa realidad. Otra cosa son las ideas científicas que él tenga y con las (líales toma conciencia —buena o mala— de la tarea que cumple.

Derecho, para puntualizar y esclarecer todos los problemas últimamente aludidos. Pero esto es una tarea que merece renglón aparte.

# CAPÍTULO XIV

## TEORÍA DE LA IMPREVISIÓN

## INTRODUCCIÓN AL TEMA

Estamos desentrañando la realidad profunda a que corresponde esa timidez jurídica de los jueces argentinos, que a veces se presenta incluso como una cobardía jurídica cuando el propio juez se siente emocionalmente herido por la grave injusticia de su fallo, pero creyéndose compelido a ello por la mera letra o la significación prevalente de la ley. La cuestión está ligada a la apasionante pregunta filosófica que concierne al origen del error, cuando no se tratare de un error de hecho. ¿Por qué yerra el jurista? La teoría de las ideologías como gnoseología del error, alumbra la respuesta con un sol meridiano; pero por ahora no es esto lo que nos concierne. Por ahora nuestro examen atiende únicamente a la timidez jurídica como temple de nuestros jueces, revestida, claro está, con el ropaje de una doctrina que pretende ser la expresión de la verdad jurídica, aunque, en rigor, solo sería una ideología.

La severidad de nuestra apreciación nos obliga a verla más de cerca. La ilustraremos con un magno problema jurídico que, con motivo de la crisis económica mundial de 1929 y de la segunda guerra, se hace insoslayable y que se mantiene en la Argentina en forma alarmante a raíz de la inflación que nos agobia *in crescendo* desde 1946. Se trata de lo que los juristas discuten como teoría de la imprevisión o cláusula *rebus sic stantibus,* que habría de estar implícita en todo contrato de cumplimiento sucesivo o diferido. El problema surge cuando se producen alteraciones gigantescas e imprevisibles con relación a las circunstancias vigentes en el momento de contratar, de tal manera que el cumplimiento del contrato, ahora desorbitadamente oneroso, puede significar la ruina del deudor. Y la cuestión consiste en decidir si, a pesar de ello, ha de cumplirse lo pactado (*pacta sunt servanda);* o si los jueces están facultados para reajustar esos contratos en mérito de la referida cláusula implícita *(rebus sic stantibus).* El sentido común no tiene dudas para inclinarse por la segunda tesis a través de una emoción directa; pero los juristas están en una polémica interminable. En la República Argentina, la mayoría de los autores y una abrumadora mayoría de jueces, favorecen la primera actitud[1]. Veamos las razones.

Quienes abogan por el cumplimiento rígido de los pactos, se remiten a los arts. 1197 y 1198 del Cód. Civil, que declaran que las convenciones contractuales obligan a los firmantes como la ley misma y que extienden esta obligación a las consecuencias virtualmente comprendidas en ellas. Y dando razón de estas normas, para fundar su inteligibilidad y exhibir su sentido valioso, los autores las apoyan en sofismas y verbalismos conocidos[2].

A su vez, quienes defienden la cláusula *rebu sic stantibus* invocan el principio de la buena fe para los contratos[3]; el cual, para abatimiento del jurista alejado de la teoría general del Derecho,

1 También los congresos de abogados han abordado el tema, hasta ahora con el triunfo de la tesis individualista del capitalismo, a pesar de la oposición de civilistas como Alberto G. Spota y Federico D. Quinteros (v. Risolía, *La depreciación monetaria y el Régimen de las Obligac. Contractuales,* B. As., 1959, Abeledo-Perrot). Como sentencias de nuestros tribunales, solo se conocen tres de la Capital Federal, una de Rosario y otra de La Plata, inspiradas en la teoría de la imprevisión.

2 Ilustra el sofisma, la referencia a la seguridad, que es siempre el principal argumento. Se dice: si no se cumplen los contratos tal como han sido pactados, desaparece la seguridad jurídica y con ella el Derecho mismo. El sofisma radica en que la seguridad, como todo valor jurídico, es un valor bilateral; de modo que al oponer la seguridad a las exigencias de la cláusula *rebus sic stantibus,* se piensa unilateralmente en la seguridad del acreedor, pero no en la del deudor: a este se le deja la seguridad de su inseguridad. Esta es la inobjetable réplica con que los profesores Quinteros y Spota defendieron su punto de vista, en el congreso de abogados celebrado en La Plata, en 1959.

Ilustra el verbalismo, mejor que nadie, un jurista tan reputado como Niboyet con esta frase de la exposición que, sobre el tema, hizo en París durante la Semana Internacional de Derecho, en 1937: "La regla *pacta sunt ser randa* es una ciudadela inviolable para las legislaciones latinas. ¿Debe ser o no limitada en sus efectos? ¿Sufrirá el asalto triunfante de la famosa cláusula *rebus sic stantibus?* Para el grupo latino la limitación aún no existe. Los individuos deben soportar sus obligaciones y, si es necesario, desaparecer si no pueden satisfacerlas. Es la ley del honor que así lo exige, sin que sea necesario investigar si quien sucumbe es culpable o no". Obviamente que en la cuestión no hay de por medio un problema de honor, sino de justicia.

3 El examen de las disposiciones específicas sobre la buena fe, en nuestro código civil, está pulcramente desarrollado dentro de la perspectiva tradicional, por Dalmiro Alsina Atienza, en su valioso libro "Efectos Jurídicos de la Buena Fe" (1935).

no cuenta en el código civil argentino con un artículo de alcance genérico, sino que aflora desperdigado en diversas disposiciones de alcance específico.

Con todo, la teoría de la imprevisión no puede ser científicamente impugnada sobre la base de una inferencia, no estando, como no lo está, expresamente vedada por nuestra ley civil. Rechazarla como sistematización de nuestra práctica, significa negar jurídicamente el fenómeno jurídico evidente a que ella se refiere y cuya existencia no depende de lo que ninguna teoría diga en pro o en contra.

Desde Husserl resulta un truismo afirmar que toda expresión no solo dice algo, sino que también lo dice acerca de algo[4]. En este sentido, es obvio que la discusión académica de los adversarios de la teoría de la imprevisión se mantiene en el plano de lo que el art. 1197 del Cód. Civil dice como lenguaje tecnico; pero que no se habla para nada acerca del algo sobre el que se dice eso que la ley dice; creer lo contrario es un crudo racionalismo conceptualista. Tan pronto como el jurista hablara del algo acerca del cual la ley dice algo, aparecería la conducta humana aludida en el problema, presentando las cosas que ella contiene por sí misma. Una de estas cosas es la buena fe como elemento de los contratos; pues sin buena fe no cabe un acuerdo de voluntades, en la medida en que se proyecta una actuación para saber a qué atenerse en el trance de vivir; y no es posible saber a qué atenerse en la conducta compartida de un contrato, sin la buena fe de los participantes como garantía precisamente de una verdad de conducta. Por eso la buena fe aparece en este problema y es el argumento decisivo, aunque el código no la mencione con una norma genérica. Solo que es preciso hacer ontología jurídica para poder hablar de ella adecuadamente y darle el papel exacto que le incumbe. Sin la fundamentación ontológica, incluso los que argumentan a su favor no pueden ultrapasar el débil argumento de analogía extensiva para sentarla como principio; ni pueden dejar de deslizarse hacia el racionalismo adversario que ya están aceptando al lamentar la ausencia de una norma genérica que tratan de elaborar. En toda ciencia de realidades, el realismo vence al racionalismo porque aquél se sirve de la ontología; pero la ontología jurídica es, por

4 Husserl. "Investigaciones Lógicas", Primera Investigación, parág. 12 (Madrid, 1929, ed. Revista de Occidente).

antonomasia, el tema de la teoría general del Derecho. En nuestra cuestión, este tema haría ver sin ninguna sombra de dudas, que las dos cláusulas, *pacta sunt servanda* y *rebus sic stantibus*, son ambas, por igual, expresiones necesarias de la misma buena fe constitutiva de la conducta contractual; que, por consiguiente, ambas se complementan por compenetración; que solo considerando las expresiones verbales por sí mismas como hace el racionalismo, resultan afirmaciones contradictorias que recíprocamente se excluyen; y que la tarea de una auténtica ciencia del Derecho estaría en encontrar la fórmula normativa de su juego conjunto y complementario en la experiencia[5].

Esta deficiencia judicial en el campo de la teoría general del Derecho, que acabamos de ilustrar y que casi no reconoce excepciones entre nuestros jueces, da cuenta de la timidez y la cobardía jurídicas de ellos a que hemos aludido. Pero se proyecta muchísimo más lejos. El mismo ejemplo nos va a servir para verlo: CARLOS MARX llegó a la conclusión de que las ciencias que conciernen al hombre no son propiamente conocimientos que toman su sentido de la verdad suministrada por el objeto de que hablan, sino que son meras ideologías; es decir, racionalizaciones intelectuales que corresponden a los intereses económicos de donde en rigor emanan y que mediante ellas se defienden en el campo del pensamiento[6]. Este gran descubrimiento marxista, que fue intuido por primera vez por el cónsul Napoleón Bonaparte[7], ha concitado la atención de innumerables estudiosos en

---

5 Aquí viene la nota que ahora publicamos como Capítulo II.

6 La tesis de Marx sobre las ideologías, hasta hace poco se analizaba principalmente sobre lo que dice el famoso Prefacio a su libro "Contribution a la Critique de l'Economie Politique", pág. 4-7 (París, 1928, ed. Giard). Pero desde la feliz edición póstuma en 1932 de "La Ideología Alemana", escrito en colaboración con Engels, tenemos la fundamentación completa y detallada. De aquí son páginas tan lúcidas como las siguientes: "Las ideas de la clase dominante son las ideas dominantes en cada época; o, dicho en otros términos, la clase que ejerce el poder *material* dominante en la sociedad es, al mismo tiempo, su poder *espiritual* dominante... Las ideas dominantes no son otra cosa que la expresión ideal de las relaciones materiales dominantes, las mismas relaciones materiales dominantes concebidas como ideas; por tanto, las relaciones que hacen de una determinada clase, la clase dominante, son también las que confieren el papel dominante a sus ideas" ("La Ideología Alemana", pág. 48 y 49. Montevideo, 1958, ed. Pueblos Unidos). Ver también otros textos seleccionados por Luis A. Sánchez, en Marx, "Principios Filosóficos", pág. 130 a 159 (Buenos Aires, 1945, ed. Interamericana).

7 El general Bonaparte, con motivo del conflicto político que tuvo con los filósofos de la Ideología (Destutt de Tracy, Volney, Cabanis, Laromiguiere), cuando estos rehusaron apoyarlo en sus proyectos dictatoriales, advirtió en la palabra otro significado. Los filósofos la usaban etimológicamente, como el estudio positivo de la formación de las ideas y

el mundo entero, porque allí se decide la cientificidad de aquellos conocimientos[8]. Sin entrar a considerar el grado mayor o menor con que todas las soluciones propuestas son tributarias de la tesis de MARX, creo que esta tesis está, en sentido lato, convalidada por el pensamiento contemporáneo, si bien con una única limitación suministrada egológicamente por la fenomenología existencial. Ha de decirse que todo desarrollo teórico sin base ontológica, en una ciencia que concierna al hombre, efectivamente es ideológico y traduce un compromiso que no es con la verdad objetiva. Solo la ontología —y la ontología del hombre es existencial—, contiene posibilidades de asegurar una neutralidad para el hombre cuando habla de sí mismo; solo la ontología nos da la esperanza de que la verdad sirva en las ciencias que nos conciernen en forma parecida a como ha servido en las ciencias que no nos conciernen. Al margen de la ontología, la especulación en las ciencias humanas es ideología.

Ahora bien; esto quiere decir que la aversión de nuestros jueces por la teoría de la imprevisión, no para en el daño económico individual de quienes sufren la injusticia emergente de una sentencia adversa por tal causa, sino que esa aversión tiene un alcance ideológico, correspondiente a los intereses económicos de un grupo social dominante. Y así es, en efecto, porque nadie ignora que la autonomía de la voluntad en los contratos y el mercado libre como irrestrictas expresiones de la propiedad privada, otorgan al capitalismo individualista un predominio supremo. Así fue antes cuando el capitalismo estaba controlado por el rentista y así sigue siendo ahora en que el control del capitalismo está pasando a manos del empresario. La actitud de nuestros jueces, en el ejemplo analizado, muy a pesar de ellos mismos acaso, favorece a los rentistas y a los empresarios en la medida en que por timidez jurídica o por cobardía jurídica originadas en su formación intelectual, renuncian a la teoría de

---

del lenguaje; Bonaparte se la devolvió como un mote para aludir a la conciencia falsa que se tiene de la situación social, el reconocimiento verdadero de la cual perjudicaría los propios intereses. Este es el gran problema que Carlos Marx tematizó por primera vez. Ver detalles del citado episodio y planteamiento, en Karl Mannheim, "Ideología y Utopía", pág. 63 y sigts. (México, 1941, Fondo de Cultura Económica) y en Hans Barth, "Verdad e Ideología", pág. 9 a 28 (México, 1951, Fondo de Cultura Económica).

8 Ningún libro de mi conocimiento, mejor que el «le Michel Debrun, "Ideología e Realidade" (Río de Janeiro, 1959, ed. Iseb), reseña y analiza con tanta luminosidad el esfuerzo de los autores sobre el problema de la ideología; por lo cual cabe recomendarlo calurosamente a los estudiosos de habla castellana.

la imprevisión como visión de una verdad ontológica. Esta es la profunda verdad del asunto, por mucho que la especulación ideológica se enmascare con otra vestimenta para combatirla sin rubor. Podemos decirlo con las palabras de un sacerdote católico, ilustre profesor de Filosofía social en Holanda: "La argumentación en pro de una economía libre y contra una organización centralizada, tiene comúnmente un carácter ideológico. Argumento ideológico es aquel que no trata con la realidad que debe probar. En lugar de iluminar el punto de vista que defiende, él más vale lo oculta. Las verdaderas cuestiones son encubiertas por los argumentos ideológicos, porque son enmascaradas bajo falsos nombres. Los argumentos de los economistas clásicos se presentaban a sí mismos como una defensa del orden natural, aunque como verdad de hecho defendían la posición privilegiada de los capitalistas. Hoy en día los argumentos usuales en favor de una economía libre se presentan como la defensa de la libertad humana, aunque como verdad de hecho defienden la posición privilegiada del capital y el control del empresario. Estos dos, por tanto, se oponen a una organización centralizada. Semejante defensa de privilegios luce mejor, sin embargo, cuando está presentada como la defensa de valores humanos esenciales"[9]. Claro está que el racionalismo jurídico se defiende aquí arguyendo que estos argumentos son de carácter extrajurídico. Pero con esto estamos en el punto de partida; el jurista tiene un dilema inicial, de carácter intuitivo, que solo la ontología se lo puede resolver; es el dilema de saber si el Derecho es cosa viva o cosa muerta; lo cual es simple cosa a ver. Y si se ve lo primero, fuerza es admitir que solo la vida puede hacer del Derecho algo viviente; por eso el Derecho no es una telaraña que sobrevuela sobre la vida comunitaria sin nutrirse de ella.

Adviértase ahora la forma violenta como se opera en la Argentina la reconquista de sus posiciones por parte del capitalismo individualista del rentista, desde 1930 a 1960, y se tendrá perfilada la situación de nuestro extremo conservatismo judicial en este período.

---

9 Remy C. Kwant, O. S. A., "Philosophy of Labor", p. 131 (Pittsburgh, 1960, ed. E. Nauwelaerts).

# CAPÍTULO XV

## ANÁLISIS DE LA CLAUSULA REBUS SIC STANTIBUS

Esta nota es para los civilistas, en homenaje a quienes me siento obligado a ampliar técnicamente estas sugerencias, para mostrar cómo la teoría egológica lleva a solución la discusión suscitada por la cláusula *rebus sic stantibus.*

### 1. *EL CONTRATO COMO INTENCIÓN SIGNIFICANTE Y COMO CONDUCTA SIGNIFICADA*

Por de pronto conviene recordar que los juristas no desconocen algo fundamental que se consigna en el texto. Ellos hablan de contrato, en un primer sentido, refiriéndose al acuerdo de voluntades para crear, modificar o extinguir derechos, lo cual se sintetiza en la firma de los contratantes. En un segundo sentido, el contrato es la conducta que cumplen los contratantes y que en aquel acuerdo de voluntades estaba contemplada como un proyecto de existencia; y así se habla del cumplimiento o incumplimiento de un contrato; su ejecución aparece instantánea o de tracto sucesivo, etc. En un tercer sentido, el contrato es la hoja de papel donde se estampa la firma y se redactan las cláusulas que lo expresan con lenguaje escrito. Esta última acepción no interesa a nuestro problema. Pero las dos primeras son respectivamente la expresión que dice algo y el algo acerca del cual se está diciendo ese algo que la expresión dice. En otras palabras: en un caso estamos frente al sentido de la expresión y en el otro frente al objeto al cual la expresión se refiere. Allí, la significación significante; aquí, el objeto significado.

Y bien; la verdad es que hasta la Teoría egológica, el pensamiento jurídico ha omitido el análisis jurídico de lo último; y que la omisión venía justificada dando por admitido que el fenómeno de conducta allí aludido como objeto de la expresión normativa, era uno más entre los uniformes fenómenos de la Naturaleza. Con esto se sobreentendía que cabía verificar su existencia mediante la percepción sensible y que, en esa verificación, el juez era un mero espectador de aquella existencia. No se sospechó jamás que el juez era un protagonista de esa existencia que verificaba, porque se trataba de verificar por comprensión la existencia comunitaria de un sentido también comunitario. No se sospechó que en el dominio de la Cultura, algo es lo que es solo cuando se sabe qué es; y, por tanto, que la existencia misma del fenómeno jurídico está comprometida por lo que el juez afirme de ella al conocerla. Así se le ha escapado al jurista el problema ontológico de los contratos y no ha llegado ni a vislumbrar lo que la conducta, como hecho humano, aporta al ser de un contrato.

Claro está, no es lo mismo suponer que el conocimiento jurídico avanza como verdad o error, desde las normas hacia la conducta que le concierne, fabricándole a esta su sentido con antojo legislativo; que advertir que el conocimiento jurídico emerge como el ser o el no ser de la conducta, develado por las normas en lo que a su sentido concierne y en la medida de una expresión conceptual. La primera actitud, a semejanza de lo que ocurre en las ciencias de la Naturaleza, admite como su límite para el error gnoseológico de la norma, el caso fortuito o de fuerza mayor (arts. 514 y concs., Cód. Civ. argentino), donde el jurista se remite precisamente a hechos naturales que imposibilitan el cumplimiento de la obligación o a hechos humanos que los aprecia con el mismo canon de imposibilidad resultante (un terremoto y una decisión de gobierno ilustran la equivalencia). Esta actitud sirve a los intereses del capitalismo individualista, porque sobre ella se funda la pretensión de distinguir entre la fuerza mayor y la imprevisión como una diferencia de calidad y no simplemente de grado. La segunda actitud permite ver perfectamente la insensible gradación que va de lo uno a lo otro y desenmascara el carácter ideológico de tal distinción. Obviamente, ningún hecho del hombre en cuanto propiamente tal puede producir una imposibilidad del mismo tipo que la que produce la Naturaleza, donde la imposibilidad, por ser mecánica, es una imposibilidad sin más posibilidad que esa misma. Y al haber mixtura do, como fuerza mayor, hechos de la Naturaleza y hechos del hombre por igual, ya se está colocando el conejo del prestidigitador dentro de la chistera mágica, para operar después un milagro ideológico al margen de la verdad científica y en favor del capitalismo, según pronto veremos. Por ahora, vamos decididamente ya a nuestro tema:

## 2. *LA TRANSFORMACIÓN DE UN ACTO JURÍDICO EN UN HECHO JURÍDICO*

Hablando en el lenguaje técnico del código civil, la teoría egológica hará ver que un contrato como *acto jurídico* se transforma en un *hecho jurídico,* cuando se dan las condiciones que han promovido la teoría de la imprevisión. El acto jurídico se transforma en uno de esos hechos jurídicos a que se refiere el art. 898 del Cód. Civil; con lo cual, para el fundamento dogmático, la teoría de la imprevisión entraría cómodamente y por de pronto, a través de los artículos 904, 905 y 922 del código. La cuestión está en entender cómo un acto jurídico puede transformarse de por sí, en un hecho jurídico, tal como la larva se transforma de por sí en crisálida y está en mariposa. La explicación y la evidencia han de venir, claro está, de la ontología de la conducta y solo de ella, porque no es un problema de lo que el contrato dice, sino de aquello acerca de lo cual lo dice. Con esto se subraya que son los hechos mismos, con la fuerza de su existencia incontrovertible, los que sostienen nuestra tesis. Son los propios hechos a que la norma contractual apunta y que ella requiere como realización de vida humana, los que tienen que ser interrogados para esclarecer la realidad de que se trata y a la cual la enunciación contractual necesariamente integra en la medida en que ella misma pretende precisamente realidad por su realización.

Y tengamos presente en todo esto, que un acto humano como hecho jurídico puede ser realizado o tener ejecución; pero no puede ser cumplido, pues no está proyectado para cumplirse porque hubiere sido prometido. Lo dice con suficiente precisión el art. 899 del Cód. Civil. El hecho jurídico es parte integrante de una situación y en tal carácter produce efectos jurídicos en la medida en que alguna norma le impute tales consecuencias. En cambio, los actos jurídicos —y solo ellos— pueden ser cumplidos, en cuanto que se constituyen con la promesa de su cumplimiento; es decir, que están coproyectados precisamente para cumplirse, según también con claridad resulta del art. 944 del Código. Las teleologías del hecho jurídico y del acto jurídico, son tan diferentes con relación a la promesa no contenida en el primero y contenida en el segundo, que eso basta para advertir la diversa calidad constitutiva de uno y otro. El acto jurídico está prometido como actuación; y por eso un contrato puede ser de ejecución diferida o sucesiva. En cambio, el hecho jurídico no puede ser prometido; se lo encuentra ya dado haciendo una situación o haciendo una nueva situación, pero siempre como situación.

### 3. *La necesidad situacional de todo contrato*

Comencemos por observar que torio contrato en cuanto conducta (segunda acepción de las que maneja el civilista), está forzosamente en una situación, porque la vida humana es vivida siempre en situaciones. Esto es lo que significa el *estar siendo en el mundo* de la ontología heideggeriana. Fácilmente se tiene evidencia de ello, con solo hacer el experimento de desconectar a cualquier contrato de toda situación y advertir cómo, entonces, desaparece por eso toda posibilidad de interpretarlo y aplicarlo; cómo el jurista se queda sin nada por hacer ni decir. El experimento se consuma con la técnica de la Lógica simbólica, reemplazando en un contrato cualquiera, por letras, como en el Algebra, todas sus expresiones lógicamente variables. El jurista quedaría frente a un esqueleto sintáctico, donde no tiene juego su actividad específica de científico.

Ahora bien; la dependencia respecto de su situación en que se encuentra un contrato como conducta, es una relación de estructura vital. Y es sabido que, en toda estructura, el aumento cuantitativo de sus partes componentes, determina de pronto, por razones de estructura, la aparición de una calidad nueva. Nadie ignora que un mismo detalle o fragmento que se agregue, puede alterar el sentido de un acto humano como calidad o no afectarlo, según cual sea la situación en que el acto se realiza. El ejemplo clásico fue advertido por los economistas cuando hicieron notar que para quien gana un sueldo de $ 10.000, tienen más importancia los primeros $ 1.000 que los últimos $ 1.000 porque aquéllos cubren sus necesidades más apremiantes; a pesar de su igualdad cuantitativa, ambas porciones difieren en calidad debido a la ubicación que una y otra tienen en la estructura situacional que ambas integran. Lo mismo ocurre en el caso de un pago, donde la escala cualitativa también existe, si bien su gradación lleva un sentido inverso porque siempre es más admisible y llevadero el pago de los primeros $ 1.000 que el de los últimos $ 1.000; lo cual interesa directamente a la teoría de la imprevisión.

En todo esto se ve las relaciones de estructura como sentido, donde a la par de cambios cuantitativos aparecen cambios cualitativos. Y a esto nos referimos cuando afirmamos que un acto jurídico se transmuta en un hecho jurídico, en el momento en que el cambio cuantitativo del primero adquiere ciertas características. La afirmación, naturalmente, para no resultar gratuita, reclama un hecho evidente que la confirme. Este hecho es fácilmente observable con su necesidad ontológica por base. En efecto, cuando se dan las condiciones que han promovido la teoría de la imprevisión, aquella transmutación se percibe en el hecho clarísimo de que el contrato deja de estar en situación, pasando a ser el contrato mismo la nueva situación del deudor. Toda situación nos obstaculiza y aprieta como un compromiso vital a superar; y mientras la situación es *la misma,* el deudor sale de ella cumpliendo su contrato. Obsérvese en esto, que una situación es simplemente situación; esto es, no es algo que pueda ser cumplido porque no es actuación; solo el acto jurídico puede ser cumplido; y el hecho de que el cumplimiento del contrato nos saca del aprieto situacional dejando atrás el compromiso vital que nos daba horizonte, acredita claramente que en tal caso el contrato como conducta, no era la situación, sino que estaba en ella. Pero dándose las condiciones de la cláusula *rebus sic stantibus,* el cumplimiento del contrato no lo saca al deudor de su aprieto situacional; por el contrario, lo agravaría al dejarlo infinitamente más comprometido y acaso definitivamente comprometido si la ruina patrimonial significara un saldo irrisorio de posibilidades para su futura libertad de actuación.

Este hecho de que el cumplimiento del contrato no saca al deudor de su situación; de que, por el contrario, lo mantiene en ella al subsistir el mismo compromiso situacional, incluso agudizado, hace evidente la inversión de los términos ontológicos, es decir, que ahora el propio contrato está como situación. Ahora la situación del deudor es otra de por sí, la cual se integra con el contrato por cumplir. El acto jurídico es, así, un hecho jurídico. Antes, el deudor salía de su situación cumpliendo el contrato; ahora, al revés, la salida de la situación solo es posible por cierto incumplimiento del contrato. El hecho de que la situación de los contratantes al contratar sea una situación diversa de la situación de ellos en el momento de cumplir el contrato, es un hecho decisivo por la irremediable estructura situacional que tiene la vida humana. La segunda situación ha reemplazado de por sí a la primera; de por sí e inexorablemente; y esto es decisivo. También lo es que el propio contrato pasa a integrar como hecho la nueva situación. Queda por advertir en qué momento del cambio cuantitativo, que se desarrolla por grados, aparece el cambio cualitativo que invierte los términos estructurales; y para ello presta segura ayuda el cambio de papel que le adviene al contrato.

## 4. *El dilema básico de la teoría jurídica*

Para que todo esto se presente con el carácter de una evidencia directa, se requiere una sola cosa: ver al Derecho con dimensión humana; verlo como un fenómeno del hombre de carne y hueso; verlo, pues, como conducta *y* averiguar qué significa la conducta en los sentidos existenciales y coexistenciales que hacen al ser del hombre y, por eso mismo, al ser del Derecho. Pues para el jurista hay un dilema inicial de evidencia directamente intuitiva, que no se lo puede resolver ninguna teoría ni ninguna definición porque, precisamente, para el jurista constituye la situación que a él mismo lo define. Este dilema de evidencia consiste en saber si el Derecho es cosa viva o cosa muerta. Y tan pronto como se logre ver lo primero, ha de convenirse inexorablemente que solo la vida puede hacer del Derecho algo viviente; y que, así como la vida puede frustrar sus mejores posibilidades, así también el jurista puede matar el mejor Derecho con sus ideologías, si lo encarrila por alguna de esas posibilidades de frustración de la propia vida.

Saber si el Derecho es cosa viva o cosa muerta, es algo que el jurista tiene que verlo por sí mismo, con anterioridad a toda teoría, porque para él es el punto de partida de su teorización. La verdad que él pretenda enunciar está en función de este dilema de evidencia; solo que se acreditará como verdad y no como ideología, en la medida en que los hechos correspondan a los enunciados que él haga. Tan pronto como cerremos los ojos a esta consideración ontológica; tan pronto como cortemos el nexo entre el Derecho y la vida, creeremos que el Derecho es una telaraña normativa que sobrevuela por arriba de la vida social. Y entonces, en este punto, se habrían abierto todos los caminos de las ideologías jurídicas, presentando teorías que solo son defensas intelectuales de intereses sociales parcelarios, cuyo predominio antisocial requiere separar la verdad y la justicia para sacrificar la justicia a nombre de la verdad. Frente a esto, la evidencia originaria es otra: el Derecho es cosa viva y solo la vida puede hacer del Derecho algo viviente, en vez de una cáscara muerta; es imposible cortar el nexo entre el Derecho y la vida, porque siempre la experiencia va a desmentir este intento con algún considerable margen, aun en el caso de que se consiga llevarla por una posibilidad de frustración de sus mejores posibilidades. Aquí no le es dado a la teoría separar la verdad de una situación y la justicia de esa misma situación, porque la verdad jurídica, resultando ser una verdad axiológica, coincide con la justicia situacional contenida en la conducta acerca de la cual se estaría diciendo lo que se dice. La conducta contractual no es un hecho de la Naturaleza, neutro al valor, como para que una verdadera teoría contractual pueda pretender prescindir de los valores con que esa conducta se presenta en la experiencia, *también como hecho,* al realizarse. Y el dilema es sin escapatoria: o bien el Derecho es cosa muerta (sea porque fuere una telaraña normativa, sea porque la conducta contractual fuere un hecho de la Naturaleza); o bien es cosa viva. Siendo lo último, toda teoría contractual que no se integre con los valores de hecho con que la conducta se presenta en su situación, es una teoría que no corresponde a la verdad jurídica, porque esa misma teoría está contemplando un contrato también como un cumplimiento y este cumplimiento es precisamente aquella conducta. Volviendo a Husserl: el contrato dice algo *acerca* de esto último.

Ahora bien, mientras el contrato juegue como salida de una situación por estar, precisamente, situado en ella, su cumplimiento da impresión intuitiva tanto a la mención del substrato como a la mención del sentido de las cláusulas contractuales, lo que quiere decir que la norma y la conducta contractuales corren paralelas en superposición. Pero cuando aquella radicación se invierte *y* el contrato se ha tornado situación, entonces los actos de cumplimiento dan impresión solo a la mención del substrato de la conducta, pero ya no a la del sentido de ella también expresado en sus cláusulas. En este caso, la norma y la conducta contractuales corren en dirección contraria. Así, por ejemplo, el beneficio esperado por el deudor en conformidad con el acreedor, que integra la buena fe de ambos al actuar de consuno y que es parte del sentido de la conducta pactada, no recibe impresión del referido comportamiento.

Por lo demás, es el juez, claro está, y no el propio contratante perjudicado, quien tiene título para apreciar y decidir si la ejecución contractual que se pretende, estaba así coproyectada o no; esto es, si la realización que hiciere el deudor tendría el sentido de un cumplimiento de lo coproyectado en los términos teleológicos que exige el artículo 944 del Código, o simplemente el de una mera ejecución integrante de una nueva situación que, en los términos de los arts. 898 y 899, solo completaría o extremaría su constitución precisamente con semejante ejecución. Un contrato, a diferencia de un juego de azar, después del acuerdo de voluntades, no deja a las partes independientes y a la expectativa de lo que cada una pueda ganar o perder por las contingencias que le sobrevengan a la otra, más allá de lo que prevé el art. 1198, también situado dentro del proyecto contractual. Un contrato comienza y termina como conducta compartida dentro del mismo proyecto de existencia que ambas partes han coproyectado. Obviamente, las consecuencias de azar están más allá de este proyecto de existencia que los contratantes se han dado para salir de una situación y alcanzar otra mediante su actuación. En cambio, las consecuencias *virtuales* de un contrato, contempladas por el art. 1198, están dentro de eso proyecto de existencia como cosa connatural a él, aunque no se las hubiere expresado formalmente o no se las hubiere previsto. El art. 1198 tiene un sentido intergiversable: cuando este artículo habla de "las consecuencias virtualmente comprendidas" en el contrato, no cabe duda acerca de que se está refiriendo al proyecto de existencia *y* no al azar; a ese proyecto de existencia sobre el que hubo un acuerdo de voluntades como verdad de conducta, cuya única garantía de existencia es, a su vez, la recíproca buena fe de los contratantes.

El precedente análisis ontológico ya decide de por sí sobre la incientificidad de los argumentos tendientes a eliminar totalmente de algún derecho positivo, el juego de la imprevisión contractual, en vez de buscar los límites de su valimiento empírico. Pero el enfoque egológico no estaría todavía completamente esbozado, si no se le agregaran dos cosas más de superlativo valor.

## 5. *Norma y normalidad*

Por un lado, la relación gnoseológica de concepto a objeto, descubierta por la egología entre la norma y la conducta, se establece entre una norma general y una conducta generalizada o normalidad, cuando se la contempla desde la altura jurídica que otorga un código civil. Esta relación entre norma y normalidad que la propia etimología de estas palabras está denunciando, siendo gnoseológica, ha servido a la egología para fundar el conocimiento jurídico como un conocimiento de realidades y explica el buen funcionamiento dogmático de un código cuando está referido a la vida normal. Pero al propio tiempo hace ver que el jurista comete un gazapo o una pifia, cuando lleva la referencia normativa general a la vida jurídica anormal. Por eso no cabe la interpretación literal de las significaciones jurídicas, frente a la vida que haya perdido su normalidad. En este caso el código, como lenguaje técnico del legislador, va a funcionar mal y ocasionará irremediablemente trastornos y desentendimiento si el jurista, para reacomodarlo, no retrocede a los principios generales que justifican al propio código como conocimiento jurídico. Así comprueba el jurista su categoría de ser un científico, en la misión que ha asumido; de lo contrario podría ser ventajosamente reemplazado por una máquina calculadora electrónica, como es la coherente y disparatada idea de un experto argentino en Logística. La teoría de la imprevisión claro está, hace temático un problema de la experiencia jurídica afectada en su normalidad, por la situación económica.

## 6. *La totalidad sucesiva del tiempo jurídico*

Por otro lado, ha de tenerse en cuenta que la temporalidad contractual, por ser tiempo jurídico, es tiempo existencial y no tiempo cosmológico; con lo cual el contrato se constituye como una totalidad sucesiva, según la preciosa expresión acuñada por Alberto Rougés. Así se comprende sin ninguna dificultad que algo que parece ser de una manera al comenzar (se trate de un contrato o de un soneto, lo mismo da), sea en rigor otra cosa considerando su final, al integrarse recién entonces su sentido total. Por eso han de rechazarse por falsos los argumentos que da Elio Osilia ("*La Sopravvenienza Contrattuale*"), para eliminar lo que la tradicional causal de error aporta en favor de la imprevisión, porque estos argumentos suponen el tiempo cosmológico: solo dentro de esta temporalidad, la representación pasada y la realidad presente, no son términos homogéneos respecto del tiempo en que perdura un contrato de ejecución diferida. En toda totalidad sucesiva, su movible presente contiene un pasado que sobrevive y un futuro que está anticipado.

## 7. *La buena fe como dimensión común al contrato en situación y a la situación del contrato*

En el marco de todos estos fundamentos, encuentran clara y firme ubicación, los puntos cardinales señalados en el texto, la buena fe, la complementariedad de las cláusulas *pacta sunt servanda* y *rebus sic stantibus* y el entendimiento societario: La buena, fe, que es un puro hecho porque su realidad se radica en la conciencia psicológica de cada contratante, no obstante lo cual resulta un elemento esencial de todo contrato en la medida en que sin ella no puede constituirse un acuerdo de voluntades referido precisamente a una verdad de conducta. La complementariedad de aquellas dos cláusulas, porque ambas son, por igual, expresiones necesarias de la misma buena fe constitutiva de la conducta contractual; la buena fe que como verdad de conducta exige cumplir lo pactado, es la misma que exige cumplirlo dentro de la situación que da sentido al pacto, pero no fuera de ella cuando su sentido ya sería otro por esa causa. Aquellas cláusulas, que como significaciones del lenguaje cada una niega a la otra, dando la impresión racionalista de que se anulan al conjugarse, como realidad se complementan y se compenetran porque ninguna puede existir sin la otra en cuanto que todo contrato está ontológicamente siempre en una situación. Kant puso en evidencia, de una vez para siempre, esta notable diferencia entre las ciencias de la idealidad y las ciencias de la realidad: si sumamos las cantidades + 1 y − 1, el resultado es 0, la desaparición de ambas; pero si a un cuerpo lo presionamos por arriba con una fuerza de 1.00 kilos y al mismo tiempo por abajo con otra fuerza de 100 kilos, estas fuerzas no desaparecen por más que así nos hiciera pensar la inmovilidad que observáramos en el cuerpo presionado; el cuerpo en rigor sufre una presión de 200 kilos, como lo comprobaríamos directamente si ese cuerpo fuera nuestro dedo, que quedaría aplastado. Lo mismo ocurre con aquellas cláusulas como expresión de la misma buena fe contractual (porque la buena fe es un hecho de la realidad), en cuanto que una se refiere al contrato en situación y la otra a la situación del contrato. Esto quiere decir que cuando se toma al art. 1197 del Código Civil argentino como expresión de la cláusula *pacta sunt servando,* este artículo está referido a la buena fe contractual, de la cual esta cláusula es una de sus dos expresiones necesarias; resultando, por tanto, que ese mismo artículo, por su referencia a la buena fe, hace jugar al propio tiempo la cláusula *rebus sic stantibus* que a ella le concierne con el mismo título. La ontología jurídica demuestra que cada una de estas cláusulas involucra a la otra, ambas como buena fe; de modo que quien invoca a una de ellas, en eso mismo también está invocando a la otra, si se refiere a una realidad. Solamente el hecho imposible de que existiera un contrato fuera de toda situación permitiría disociar aquellas cláusulas. Pero la estructura de la vida humana es situacional *y* por eso todo contrato está necesariamente siempre en una situación. Por eso ambas cláusulas son forzosamente paralelas e inseparables, una como referencia al contrato en situación y la otra como referencia a la situación del contrato.

Cuando al entendimiento societario, que nos falta glosar, nos remitimos a lo que se dice en el texto. Con este tema remata nuestro problema, porque la buena fe contractual integra necesariamente el entendimiento societario. Convivir es entenderse recíprocamente y ello, en materia contractual, también supone una verdad de conducta, la que, en dicho ámbito, no tiene otra garantía que la buena fe de los contratantes. Estaríamos, pues, en condiciones de formular nuestra conclusión en los términos como está planteado el debate de la imprevisión, con referencia al derecho civil argentino. Sin embargo, antes de formularla, conviene desembozar, como racionalismo jurídico, el estilo de pensamiento de quienes se oponen a la imprevisión en la Argentina, por considerarla repugnante a nuestro código civil. El argumento gira en torno al art. 1197 como expresión del primado de la voluntad individual en los contratos y en la ausencia de una disposición genérica sobre la buena fe; lo primero, significando por separado la cláusula *pacta sunt servando;* y lo segundo, también como significación, correspondiendo a la cláusula *rebus sic stantibus.* Y el argumento valdría jurídicamente por su juego normativo, esto es, por su lógica, en el sentido de un sistema coherente y cerrado de proposiciones entre sí compatibles y derivadas de aquel punto de partida, no quebrado por ninguna enunciación del propio código. Uso aquí la locución "juego normativo", a la vez en el sentido de articulación y funcionamiento de normas y en el sentido del artificio inherente a todo juego de ingenio, porque para una ciencia de realidades, la actitud racionalista, que disfraza sin duda una ideología, es en sí misma un juego de ingenio y nada más.

Ocurre, sin embargo, que, como juego normativo, hay un caso marginal pero importante, que ha pasado inadvertido para nuestros comentaristas, en que el código civil admite francamente la imprevisión contractual. El caso es importante, porque rompe la articulación cerrada y el funcionamiento coherente del sistema de normas de que se hace alarde. Pero se hace más importante si, como juego de ingenio, se lo presenta utilizando el contrato de permuta, porque este contrato no permite ocultar ni posponer el problema del entendimiento societario que todo problema jurídico lleva en sí por esencia. Parece difícil ligar la teoría de la imprevisión al contrato de permuta; pero si aquella teoría se ha radicado principalmente con referencia a los contratos de compraventa, locación de obra y sociedad, no es por ninguna razón de esencia, sino porque estos contratos son los instrumentos más adecuados para el predominio del capitalismo individualista que la teoría de la imprevisión viene a mitigar. De cualquier manera, el hecho de que la permuta sea algo así como el contrato germinal, hasta el punto de que la mayoría de los contratos —y acaso lodos— sean solo variantes de ella, le da a nuestro ejemplo toda su significación, a pesar de su infrecuencia.

Supongamos una permuta con sus dos prestaciones diferidas. Sea el caso de una empresa de transporte aéreo, que tiene solo cuatro aviones, todos los cuales son empleados en el servicio por la forma como se escalonan los vuelos. La privación de un avión interrumpiría todo el funcionamiento y ocasionaría la quiebra del empresario. Y sea el caso de una empresa de transporte marítimo de cabotaje, que tiene solo cuatro pequeños barcos, todos los cuales también son empleados en el servicio por la forma como se escalonan los viajes. También aquí la privación de un barco interrumpiría todo el funcionamiento e igualmente ocasionaría la quiebra del empresario.

El dueño de los aviones cuenta substituir la más vieja de sus máquinas con las ganancias de un año y además desea adquirir un barco para su uso particular. A su vez, el dueño de los barcos cuenta substituir la más vieja de sus naves con las ganancias de un año y además desea adquirir un avión para su uso particular. Se concierta así entre ellos, la permuta de un avión por un barco, difiriendo el cumplimiento del contrato para 365 días después de la fecha de su firma.

Supongamos que en ese interín sobreviene el cambio crítico de la situación con su alteración desmesurada de precios y valores, en forma tal que en el momento de cumplir sus obligaciones, la prestación de, cada contratante le signifique su propia ruina: no se fabrican ni aviones ni barcos para reemplazar a los de la permuta; las respectivas ganancias del año no permiten comprarlos usados en el mercado, debido a la exorbitancia de los precios; el cumplimiento de las prestaciones pactadas llevaría a la quiebra a ambas compañías por la paralización irremediable de su funcionamiento. Claro está que esta ruina recíproca no lo deja perplejo al jurista creándole un problema insoluble; el remedio jurídico está a la vista, porque con la misma libertad con que contrataron la permuta, puedan acordar ahora la cancelación del contrato perjudicial para ambos. Y así es, en efecto; pero en ello mismo también queda a la vista el entendimiento societario que deseábamos destacar como sentido de una contratación cualquiera, ya que ahora lo que cada permutante hace teniendo la comprensión de la situación del otro, es precisamente lo que el otro esperaba que haría para entenderlo *y ser* entendido a la vez.

## 8. *EL OLVIDADO ART. 1907 DEL CÓDIGO CIVIL ARGENTINO*

Pero veamos aparecer el prometido caso excepcional. Supongamos que después de firmar el contrato de permuta, el dueño de los aviones va a ausentarse por dos años, sin paradero determinable, porque parte a cazar elefantes en África; y que a los fines del cumplimiento contractual, deja un apoderado especial con precisas instrucciones para entregar su avión y recibir el barco, pero sin facultad para cancelar el contrato (o si se prefiere, con prohibición de cancelarlo), porque en el momento de suscribirlo era imprevisible, claro está, la conveniencia de su cancelación. Todavía se da la variante de que el mandato se otorgue en instrumento aparte, sin conocimiento del copermutante; o que con su consentimiento esté integrando el contrato de permuta.

Transcurrido el año de la dilatoria de las prestaciones, operando todas las condiciones para la imprevisión, el mandatario se encuentra con que el art. 1907 del código civil le impone *la obligación* de "abstenerse de cumplir el mandato, cuya ejecución fuera manifiestamente dañosa al mandante". No se dirá que este texto es repugnante con la teoría de la imprevisión; por el contrario, parece redactado a su propósito, porque va más allá de no ejercitar facultades conferidas al arbitrio del mandatario cuando este ejercicio fuere manifiestamente dañoso para el mandante; la norma veda el cumplimiento del mandato y no solo el ejercicio de las facultades discrecionales conferidas. La teoría de la imprevisión está holgadamente acogida en este texto como un caso especial; ahora ella defiende al capitalista frente a su subordinado (el mandatario). Pero con ello y, de cualquier manera, el sistema cerrado y coherente que se pretendía derivar del art. 1197, se raja con una brecha considerable; pues resulta que actuando por medio de un mandatario, la cláusula *rebus sic stantibus* es normativamente inobjetable dentro del código civil argentino. Se trata de un acogimiento especial, sin duda; pero como involucra una contradicción teórica, da al traste con todo: el mandatario puede hacer lo que no puede hacer el mandante, con relación a las prestaciones diferidas donde lo va a representar. He ahí la contradicción.

Y de esta incoherencia se deriva una red de contradicciones normativas para resolver el caso. Pues, ¿qué haría el mandatario de nuestro ejemplo?

¿Entregaría el avión en cumplimiento de la permuta para satisfacer el art. 1197 del Cód. Civil, pero poniéndose en contra del deber jurídico que le crea el art. 1907 a él mismo? La hermenéutica sabe que un principio especial priva sobre un principio general, de modo que no apoyaría esta actitud. Y el recurso, para apoyarla, de que peor para el mandante será pagar los daños y perjuicios, además de problemático en general mientras los perjuicios no se prueben, no los habría en nuestro ejemplo donde los perjuicios del copermutante provendrían al revés, de la entrega del barco que él hiciere.

¿O exigiría la entrega del barco al copermutante pero rehusaría la del avión, invocando por mitad la teoría de la imprevisión que a él le está concedida por el art. 1907? El absurdo de no hacer para el barco invocando el art. 1197, lo que se comprende para el avión invocando el art. 1907 y que, como buena fe, es lo mismo que habría de comprenderse para el barco, saca a luz sin ninguna clase de dudas que el art. 1197 también alude a la buena fe contractual, según hemos dicho.

¿O admitiría nuestro mandatario, la imprevisión para ambas partes, operando la cancelación del contrato? En este caso su transgresión a las facultades de su mandato sería patente, al arrogarse una capacidad que le fue negada por el mandante.

Y si el cumplimiento de la permuta por medio de mandatario estuviera contenido en el propio contrato de permuta, ¿significaría este consentimiento del copermutante haber pactado la cláusula *rebus sic stantibus,* con motivo de lo que dispone el artículo 1907?

Estas y otras cuestiones más salen en este juego normativo de ingenio. Por ejemplo, para duplicar la maraña de sorpresas, basta pensar que también el dueño de los barcos actúa por medio de apoderado en el momento de ejecución de la permuta, porque él a su vez se ha ausentado a cazar tigres en el Himalaya. O pensar en la firmeza que el mandante puede dar actuando por medio de mandatario, a lo que él en materia de imprevisión no podría hacer, según la opinión dominante, con solo recurrir a la ratificación de los actos de su apoderado que prevé el art. 1930 del código.

Nada cuesta llevar esta ejecución de las obligaciones diferidas por medio de apoderado, a la compraventa y demás contratos donde prácticamente está entablado el debate en torno a la cláusula de imprevisión, para ver cómo se derrumba la teoría dominante entre los civilistas argentinos, enredada en una paradojal maraña normativa. Pues, cuantas más normas circunstanciales se conectasen con la actuación del mandatario, tanto más se amplía el juego de la cláusula *rebus sic stantibus* que admite inequívocamente nuestra legislación civil a través del art. 1907. Piénsese, por ejemplo, en que las personas colectivas actúan por medio de representantes, sujetos en gran medida a las reglas del mandato: ya no sería solo que el mandante puede hacer por medio de un mandatario lo que no puede hacer por sí mismo, sino que la imprevisión estaría admitida por el código para las personas colectivas y negada para las personas individuales; lo que significa una contradicción más profunda todavía. Pero no son estos juegos normativos de ingenio, claro está, los que expresan ni deciden el criterio egológico sobre el problema. Deciden los fundamentos ontológicos ya analizados, porque la verdad emana del objeto acerca del cual se dice algo y no consiste en la mera coherencia de un sistema de proposiciones. Hemos desarrollado este juego normativo de ingenio, con el solo objeto de hacer que el racionalismo dominante se mire en el espejo y mostrarle que sus reglas de juego le pueden ser adversas. Bien sabemos que se puede restaurar la sistemática cerrada y coherente de las normas que afectan a este problema, tanto limitando el alcance significativo del artículo 1197 a los casos normales, como limitando el del art. 1907 a los actos que el propio mandante podría hacer por sí mismo. Ambos caminos caben para la jurisprudencia de los tribunales, porque la técnica jurídica da el mismo recurso para la limitación lógica en uno y otro caso. Pero el problema está, precisamente, en apoyar la elección sobre un fundamento que no sea el círculo vicioso de preadmitir la *ilimitación* de uno de ellos como premisa mayor, para llegar a la conclusión que corresponde limitar el otro. La lógica al servicio de la realidad toma el camino opuesto; comienza por esclarecer a cuál de aquellos artículos le corresponde una *limitación* significativa. Y en tal sentido, la limitación significativa del art 1197 es ontológica al referirlo a los casos normales únicamente, porque así se sostiene sobre el entendimiento societario que queda desencubierto. En cambio, la limitación significativa del art. 1907 es ideológica al referirlo a los actos que el propio mandante podría hacer por sí mismo, pues ya está presuponiéndose que el 1197 prohíbe al deudor ampararse en la imprevisión, consecuente con la idea de que han de primar los intereses del capitalista acreedor. Y esto no es ontológico; es una situación contingente del poder social.

La lógica al servicio de la realidad tiene que comenzar por limitar empíricamente sus conceptos, porque toda realidad es siempre limitada, circunscripta. En cambio, si se comienza con conceptos ilimitados, estamos tratando de acomodar la realidad al puro pensamiento; lo que es racionalismo.

## 9. *Las nuevas formas de la fuerza mayor en el siglo XX*

Podemos ahora enunciar ya nuestra conclusión. Si la cláusula *rebus sic stantibus* tiene un fundamento ontológico, querría decir que siempre ha actuado en la Dogmática del derecho argentino, porque no podría haber podido dejar de actuar. Lo habrá hecho más o menos embozada y restringidamente, o al revés, más o menos desencubierta y tematizadamente. Y así es, en efecto, aunque bajo el apelativo de la fuerza mayor.

Ya hemos recordado la mixtura que nuestro código y nuestros tratadistas han amalgamado con el nombre de fuerza mayor, según esta estuviera referida a hechos de la Naturaleza o a hechos del hombre. Pero es claro que los hechos de la Naturaleza que conciernen a la fuerza mayor se proyectan en el mismo horizonte que el de las condiciones imposibles (artículo 530, Cód. Civil). En cambio, los hechos del hombre que conciernen a la fuerza mayor son el horizonte que encuentran los hechos de que habla la teoría de la imprevisión. Todos los ejemplos clásicos de esta muestran en estos hechos humanos un incremento de cantidad que, en un determinado momento, aparejan una nueva calidad. De allí en adelante, la diferencia entre fuerza mayor e imprevisión se disuelve como cuestión de grado si quiere insistirse en ella. Así, la guerra, según sean mayores o menores sus efectos, está admitida en el primer caso como fuerza mayor; pero también solo entonces entra dentro de la cláusula de imprevisión. Así, la huelga, si es general, también está admitida como fuerza mayor, pero no en el caso contrario, referida a las obligaciones de hacer; pero también solo entonces entra dentro de la imprevisión. Así, el robo si se produce a mano armada, come, hecho de un tercero puede ser considerado también como fuerza mayor, pero no en el caso contrario; y lo mismo valdría para la imprevisión en el primer caso, más no en el segundo. Los tres ejemplos muestran la aparición de una calidad nueva, en cierto momento, por el simple incremento de su aspecto cuantitativo.

Ocurre, sin embargo, que todos los hechos del hombre tradicionalmente admitidos como fuerza mayor, son hechos bien conocidos por el siglo XIX porque corresponden a la estructura social en ese momento existente, incluso la huelga general recogida en la teorización marxista. A esto se debe la miopía intelectual de los juristas de filiación napoleónica, para la moderna teoría de la imprevisión.

El jurista de entonces, que no era un repetidor erudito, sabía ver los fenómenos de la experiencia, o por lo menos se esforzaba en ello, porque comprendía que esta experiencia le concernía. Para tomar esta actitud, había recibido de Savigny un impulso decisivo que estaba en crecimiento y se expandía universalmente como criterio. Pero con el andar del tiempo y el primado gnoseológico del positivismo, la Escuela de la Exégesis, en Francia, y la Jurisprudencia conceptual, en Alemania, lo divorcian de la experiencia y de su permanente actualidad. Solo en la órbita del Common Law, donde el historicismo de Savigny llera a madurez técnica, el jurista sigue atento a la experiencia; y por eso no resulta casual que la teoría de la imprevisión entrara en esa órbita sin retardo y sin discusión (Respecto de toda esta evolución del pensamiento jurídico como ciencia, ver Cossio, "*Teoría de la Verdad Jurídica*", cap. I). En cambio, en el área romanista del Derecho, la cultura del jurista, al debilitar su contacto con la experiencia jurídica y al acentuarse como un puro normativismo, se hace una especulación cada vez más libresca, transformándose en un esfuerzo de mera repetición erudita en su conjunto. Con ello, miope como visión de la experiencia, la doctrina de los juristas se torna ideológica en grado creciente, al repetir la defensa de los intereses del capitalismo burgués a través de una interpretación normativa que correspondía a lo que ese capitalismo fue cuando él constituía la estructura social, pero que ahora en la nueva sociedad solo resultaba ser, al dársele una sobrevivencia artificial, un privilegio normativo para que continuara en el ejercicio y en el control del poder.

Cabe preguntar qué le ocurrirá al jurista cuando aprenda a ver con sus propios ojos lo que hoy ocurre en la experiencia que le concierne. Entonces comprenderá que los fenómenos económicos que encara la teoría de la imprevisión son, no solamente nuevos hechos peculiares a la vida del siglo XX, sino también típicos fenómenos de fuerza mayor en la estructura social de esa vida. Son fenómenos desconocidos por el siglo XIX: por eso no puede acogerlos en su seno, un pensamiento jurídico que se prolonga como repetición de lo que alguna vez fue dicho para otra circunstancia. Semejante repetición cae forzosamente en ideología; y al cruzarse de brazos a la espera de una reforma legislativa, entra intencionadamente en la lucha ideológica a favor de quienes controlan la legislación y en detrimento del entendimiento societario. El mundo del siglo XX, con su contacto político universal, con sus comunicaciones inmediatas, con su control social superlativo, con la desaparición del analfabetismo, con su mercado universal, con su comercio universal, ha creado en la experiencia jurídica una interdependencia de sus partes, de magnitud desconocida en las épocas anteriores; y de esta situación irreversible deriva el hecho de que haya aparecido la fuerza mayor con nuevas formas, a saber, en los motivos económicos que, como ruina del deudor, tematiza la teoría de la imprevisión. El hecho de la fuerza mayor con nuevas formas, ni es ilusión, ni tiene el carácter de un fugaz accidente, porque corresponde a la constante ontología del entendimiento societario. Pero hay que saberlo ver como fuerza mayor dentro del siglo XX, si deseamos controlar la proyección de nuestra vida al trazarse sobre él, diga lo que dijere el jurista anclado en el pasado. Y el jurista tiene en ello un solo instrumento contra su ceguera ideológica. Este instrumento es la ontología jurídica.

*Teoría Egológica del Derecho. Problema, panorama y la teoría de la imprevisión* de

Carlos Cossio se imprimió en la República Argentina en marzo de 2023.